2019年主题出版重点出版物
"十三五"国家重点出版物出版规划项目
新时代马克思主义经典文献精学导读丛书　主编/顾海良

# 《矛盾论》精学导读

王文兵　荆世群◎著

科学出版社
北京

## 内 容 简 介

本书在吸收国内外学术界相关研究成果基础上，详细说明了毛泽东最初写作《矛盾论》的历史背景及其修改定稿的历史过程，深入分析了《矛盾论》的理论结构和理论特征，系统阐述了《矛盾论》的思想内容和分析方法，简要介绍了《矛盾论》在国内外产生的巨大影响，高度评价了《矛盾论》在马克思主义中国化思想史上的重要地位，深刻阐明了在新时代学习和运用《矛盾论》的重大意义。本书既具有强烈的历史意识、问题意识和针对性，又具有系统性、学术性和可读性。

本书适合广大党员干部，马克思主义理论类专业的本科生、研究生，以及对马克思主义理论感兴趣的读者阅读。

**图书在版编目(CIP)数据**

《矛盾论》精学导读/王文兵，荆世群著. —北京：科学出版社，2019.11

（新时代马克思主义经典文献精学导读丛书/顾海良主编）

"十三五"国家重点出版物出版规划项目

ISBN 978-7-03-063499-3

Ⅰ. ①矛⋯ Ⅱ. ①王⋯ ②荆⋯ Ⅲ. ①《矛盾论》-毛泽东著作研究 Ⅳ. ①A841.24

中国版本图书馆 CIP 数据核字(2019)第 260838 号

责任编辑：刘英红 / 责任校对：贾娜娜
责任印制：吴兆东 / 封面设计：润一文化

**科学出版社** 出版

北京东黄城根北街 16 号
邮政编码：100717
http://www.sciencep.com

天津市新科印刷有限公司印刷
科学出版社发行 各地新华书店经销

\*

2019 年 11 月第 一 版　开本：720×1000 1/16
2025 年 10 月第六次印刷　印张：10 3/4
字数：106 000

**定价：34.00 元**

（如有印装质量问题，我社负责调换）

# 丛书编委会

**主编**：顾海良

**成员**：（以姓氏拼音字母为序）

艾四林　陈锡喜　丰子义　李佑新

刘　军　佘双好　孙蚌珠　孙代尧

孙来斌　孙熙国　王　东　王宏波

王树荫　肖贵清　徐俊忠　张雷声

# 总　　序

"新时代马克思主义经典文献精学导读"是根据新时代学习马克思主义经典著作的需要，对各主要的经典著作所蕴含的马克思主义基本原理及其精神实质作出学习和研究性导读。

马克思主义基本原理是马克思主义的理论精粹，体现了马克思主义的根本性质和整体特征，体现了马克思主义立场观点方法的核心要义，体现了马克思主义科学性、人民性、实践性和时代性的思想特征。习近平总书记指出："掌握马克思主义，最重要的是掌握它的精神实质，运用它的立场、观点、方法和基本原理分析解决实际问题。"[①]在坚持和发展中国特色社会主义中，我们说"老祖宗"不能丢，在根本上就是马克思主义基本原理不能丢。

马克思主义基本原理深刻地蕴含于马克思主义经典著作之中；马克思主义经典著作是马克思主义基本原理的思想本源和理论基础。同时，马克思主义经典著作也蕴藏着马克思主义经典作家汲取人类探索真理的丰富的思想成果，深刻展现了马

---

① 习近平：《中国共产党 90 年来指导思想和基本理论的与时俱进及历史启示》，《学习时报》2011 年 6 月 27 日。

克思主义经典作家攀登科学高峰、矢志追求真理的精神境界。深入研读马克思主义经典著作是理解和掌握马克思主义基本原理的必修课，也是理解和掌握马克思主义理论体系的基本功。如习近平总书记所指出的："共产党人要把读马克思主义经典、悟马克思主义原理当作一种生活习惯、当作一种精神追求，用经典涵养正气、淬炼思想、升华境界、指导实践。"[1]

"马克思主义就是我们共产党人的'真经'，'真经'没念好，总想着'西天取经'，就要贻误大事！"[2]在提到学习《共产党宣言》的重要意义时，习近平总书记提出："广大党员、干部特别是高级干部要学好用好《共产党宣言》等马克思主义经典著作，坚持学以致用、用以促学，原原本本学，熟读精思、学深悟透，熟练掌握马克思主义立场、观点、方法，不断提高马克思主义理论素养。"[3]理论联系实际，在深化马克思主义经典著作研究阐释中，"推进经典著作宣传普及，让理论为亿万人民所了解所接受，画出最大的思想同心圆。"[4]

"新时代马克思主义经典文献精学导读"对各经典著作的研究阐释，由北京大学、中国人民大学、北京师范大学等高校马克思主义学院从事马克思主义经典著作教学和研究的学者担

---

[1]《十九大以来重要文献选编》上，中央文献出版社2009年版，第434页。
[2]《习近平关于全面从严治党论述摘编》，中央文献出版社2016年版，第66页。
[3] 习近平：《中国共产党是〈共产党宣言〉精神忠实传人》，《人民日报》2018年4月25日。
[4] 习近平：《深刻感悟和把握马克思主义真理力量 谱写新时代中国特色社会主义新篇章》，《人民日报》2018年4月25日。

## 总　序

纲。在对各经典著作的研究阐释中，首先力求对各经典著作形成的社会和历史条件作出准确解读，凸显相应的马克思主义基本原理形成和发展的思想基础和理论背景；其次力求对各经典著作理论内涵和精神实质作出系统导读，彰显新时代学习和实践相应的马克思主义基本原理的理论意义和现实意义；最后力求对经典著作中体现的科学原理和科学精神相结合的思想特征作出全面论述，更为深刻地理解"历史和人民选择马克思主义是完全正确的，中国共产党把马克思主义写在自己的旗帜上是完全正确的，坚持马克思主义基本原理同中国具体实际相结合、不断推进马克思主义中国化时代化是完全正确的"[①]。

"要以科学的态度对待科学，以真理的精神追求真理，不断赋予马克思主义以新的时代内涵。"[②]习近平新时代中国特色社会主义思想就是当代中国马克思主义，就是21世纪马克思主义。学习马克思主义经典著作，要同学习习近平新时代中国特色社会主义思想结合起来。在这一结合中，更为深刻地理解习近平新时代中国特色社会主义思想，更有定力、更有信心，也更加自觉、更加自信地坚持和发展新时代中国特色社会主义，确保中华民族伟大复兴的巨轮始终沿着正确航向破浪前行。

顾海良

2019年11月1日

---

① 《十九大以来重要文献选编》上，中央文献出版社2009年版，第427—428页。
② 习近平：《深刻感悟和把握马克思主义真理力量 谱写新时代中国特色社会主义新篇章》，《人民日报》2018年4月25日。

# 目 录

**第一章 《矛盾论》写作的历史背景** ········· 1
 一、中国社会主要矛盾的重大变化 ········· 1
 二、建立和巩固抗日民族统一战线 ········· 5
 三、反对教条主义 ········· 10
 四、苏联哲学论战与中国哲学论战 ········· 14

**第二章 《矛盾论》是怎样诞生的** ········· 18
 一、博览群书，潜心思考 ········· 18
 二、抗大授课，单独成册 ········· 23
 三、精心修改，最终定型 ········· 26

**第三章 《矛盾论》的结构分析** ········· 31
 一、《矛盾论》的理论结构 ········· 31
 二、《矛盾论》的阐述结构 ········· 37
 三、《矛盾论》的理论特征 ········· 43

**第四章 两种宇宙观** ········· 48
 一、两种宇宙观的根本对立 ········· 48
 二、内因与外因的辩证关系及其方法论 ········· 55
 三、把握唯物辩证法宇宙观和方法论的重要意义 ········· 59

**第五章 矛盾的普遍性与特殊性** ········· 65
 一、矛盾的普遍性与特殊性及其辩证关系 ········· 65

二、把握矛盾的普遍性与特殊性及其辩证关系的
　　　　原则和方法 …………………………………………… 77
　　三、把握矛盾的普遍性与特殊性及其辩证关系的
　　　　重大意义 ………………………………………………… 82

**第六章　主要矛盾与矛盾的主要方面** ……………………………… 88
　　一、主要矛盾与矛盾的主要方面的内涵 …………………… 88
　　二、把握主要矛盾和矛盾的主要方面的方法 ……………… 95
　　三、把握主次矛盾与主次方面的重要意义 ………………… 100

**第七章　矛盾的同一性与斗争性** …………………………………… 108
　　一、矛盾的同一性与斗争性及其辩证关系 ………………… 108
　　二、把握矛盾的同一性与斗争性及其辩证关系的
　　　　方法论原则 ……………………………………………… 119
　　三、深刻把握矛盾的同一性与斗争性及其辩证
　　　　关系的重要意义 ………………………………………… 123

**第八章　《矛盾论》的巨大影响** …………………………………… 128
　　一、《矛盾论》的传播情况 ………………………………… 128
　　二、《矛盾论》的政治影响 ………………………………… 133
　　三、《矛盾论》的学术影响 ………………………………… 137

**第九章　《矛盾论》的时代意义** …………………………………… 143
　　一、马克思主义中国化的哲学经典 ………………………… 143
　　二、中国共产党人的必修课 ………………………………… 151
　　三、中国特色社会主义的哲学基础和方法论 ……………… 157

# 第一章 《矛盾论》写作的历史背景

毛泽东写作《矛盾论》，正值抗日战争全面爆发时期，是在中日民族矛盾已经超越国内阶级矛盾而成为中国社会主要矛盾的社会背景和历史节点下应运而生的。要解决好中国社会的主要矛盾——中日民族矛盾，即打赢抗日战争，就必须建立、巩固和扩大抗日民族统一战线，联合一切抗日力量。《矛盾论》首先是为从思想上肃清中国共产党内妨碍抗日民族统一战线的"左"倾教条主义错误。同时，苏联和国内的哲学论战，为《矛盾论》的写作创造与提供了直接的哲学氛围和思想来源。1960年初，毛泽东回顾说："我们在第二次国内战争末期和抗战初期写了《实践论》、《矛盾论》，这些都是适应于当时的需要而不能不写的。"[①]《矛盾论》也是毛泽东为中国共产党认识和解决民族矛盾与阶级矛盾及其关系而写的。

## 一、中国社会主要矛盾的重大变化

从1931年日本发动"九一八事变"开始，日本侵占中国

---

[①] 《毛泽东文集》第8卷，人民出版社1999年版，第109页。

## 《矛盾论》精学导读

东北三省，中日民族矛盾开始激化，民族危机日益加深。1932年1月28日，日本帝国主义进攻上海，以国民党政府签订《淞沪停战协定》而告终。日本帝国主义在1933年5月31日又与国民党政府签订《塘沽协定》后，改变侵略方式，变直接军事侵略为间接军事侵略，试图通过收买汉奸和实行地方自治、建立伪政府等"以华制华"手段逐步达到其占领和控制全中国的罪恶目的。1935年，日本策动"华北五省自治运动"，其间国民党亲日派何应钦、秦德纯与日本帝国主义签订了《何梅协定》和《秦土协定》。在日本帝国主义由侵略东北逐步扩展到侵略华北、华东期间，国民党政府始终坚持其"攘外必先安内"的策略，仍然把主要的作战目的放在对中央苏区红军的"围剿"上，而对日本帝国主义则采取不抵抗的策略。同时，由于国民党政府实行对日本帝国主义的"不抵抗主义"和对苏区红军的"围剿"策略，中国共产党一边进行反"围剿"战争，一边号召全民族抗战。

1935年11月，中央红军初到陕甘根据地就取得了直罗镇战役的胜利，并因此打破了国民党对红军的"围剿"。1935年12月，中共中央召开了瓦窑堡会议，会议提出要建立最广泛的抗日民族统一战线。此时，日本帝国主义对华侵略的程度和规模不断扩大，学生、工人等不断上街游行，纷纷要求停止内战、团结抗日；国民党内部分爱国将领也要求停止"剿共"、积极抗日。张学良率领的东北军和杨虎城率领的第十七路军开始与共产党建立起秘密联系，为统一抗日做准备。1935年11月，蒋介

# 第一章 《矛盾论》写作的历史背景

石在国民党第五次全国代表大会上说：和平未到完全绝望之时，决不放弃和平，牺牲未到最后关头，亦不轻言牺牲。这标志着国民党政府对日态度开始发生转变。日益加深的民族危机迫使国民党政府在阶级利益与民族利益面前做出抉择。无论是国民党地方派系还是国民党内亲美派、亲英派都寄希望于联合抗日，以保证自己利益不会受到损害。1936年7月，在国民党五届二中全会上，蒋介石指出：吾人对内唯有以最大之容忍与苦心，薪求全国国民之团结；对外则决不容忍任何侵害领土主权之事实，亦决不签订任何侵害领土主权之协定，遇有领土主权被侵害之事实发生，如用尽政治方法而无效，危及国家民族之根本生存时，则必出以最后牺牲之决心，绝无丝毫犹豫之余地。虽然蒋介石此次讲话对"攘外"持强硬态度，但他对抗日的态度还没有发生彻底的转变。日本帝国主义对华的侵略不断加深，不仅威胁到中华民族的生死存亡，而且威胁到国民党政府的统治地位。在民族危亡之时，蒋介石却依然没有改变其"剿共"方针，还要求张学良和杨虎城等部继续加强对陕甘革命根据地的"围剿"。所以，这一时期，中国社会的主要矛盾仍然是以国民党和共产党为代表的阶级矛盾，直接表现为革命的武装与反革命的武装之间的碰撞。

同时，中共中央根据时局和国民党对日本帝国主义态度的变化，及时将以往"反蒋抗日"策略转变为"逼蒋抗日"策略。1936年8月，中国共产党发表《中国共产党致中国国民党书》，大声疾呼"立即停止内战，组织全国的抗日统一战线，发动神圣的民族自卫战争，抵抗日本帝国主义的进攻，保卫及恢复中国的领土主权，拯救全国人民于水深火热之中"①，并明确提出国共重新合作的建议。中国共产党以国家安危、中华民族的存亡为重，改变了以往对国民党政府的对抗态度，国民党则不然，它对"抗日"的态度虽有转变，但仍然把"剿共"作为其战略中心。这时民族矛盾仍然没有超越阶级矛盾而上升为中国社会的主要矛盾，国民党仍然没有把拳头挥向日本帝国主义，还是把"剿共"作为最重要的任务。蒋介石本人还亲自飞往西安，威逼张学良部、杨虎城部"剿共"。

恰恰在这个时候，张学良和杨虎城发动了震惊中外的西安事变，经过中国共产党人的从中调解，西安事变得以和平解决。西安事变是国共两党第二次合作的开端，是国内社会主要矛盾变化的关键节点，也是全国抗日力量与"剿共"力量对比发生质变的关键时刻。西安事变的和平解决，拉开了国共第二次合作的序幕，为建立以国共合作为基础的抗日民族统一战线提供了历史契机，是中日民族矛盾超越阶级矛盾而成为中国社会主要矛盾的分水岭。正如毛泽东所说："今天中国主要的矛盾是民族矛盾，阶级矛盾成为次要的。西安事变前主要矛盾在国共两党之间，而西安事变后，主要矛盾则在中日之间。"②西安事变的和平解决，说明了国共两党之间的矛盾因为中日民族矛盾的

---

① 中央档案馆编：《中共中央文件选集》第11册，中共中央党校出版社1991年版，第77页。

②《毛泽东文集》第2卷，人民出版社1993年版，第382页。

## 第一章 《矛盾论》写作的历史背景

激化而成为次要矛盾。西安事变和平解决后，共产党与国民党开始了紧张的谈判，双方致力于建立抗日民族统一战线，为全面抗战做准备。

中国社会的主要矛盾由阶级矛盾转变为民族矛盾经历了一个历史过程。中日民族矛盾的发展取决于日本帝国主义侵略中国的规模与程度，同时与中华民族特别是中国政府和军队对日本帝国主义侵略的态度及反抗程度密切相关。国共两党对中日民族矛盾的认识也经历了一个历史过程。国共两党之间的矛盾发展过程既反映了中国社会主要矛盾的转变过程，也是促成中国社会主要矛盾发生转变的重要因素。就此而言，中日民族矛盾上升为中国社会的主要矛盾既是日本帝国主义侵华的必然结果，也是诸多矛盾综合作用的结果。

## 二、建立和巩固抗日民族统一战线

为了争取抗日战争的胜利，必须建立、巩固和发展抗日民族统一战线。为了正确制定抗日民族统一战线的战略和策略，必须深刻把握和处置当时错综复杂的矛盾状况。可以说，毛泽东当时写作《矛盾论》既是从哲学高度深刻总结中国革命战争历史经验的理论成果，更是出于建立和巩固以国共合作为基础的抗日民族统一战线的现实需要，其就是为中国共产党人认识和解决在建立与巩固抗日民族统一战线历史过程中产生的各种矛盾提供思想方法。建立和巩固抗日民族统一战线的生动实践正是毛泽东写作《矛盾论》的实践背景与出场语境。只有立足其现实需要，我们才能深刻领会毛泽东为什么说"《实践论》、《矛盾论》，这些都是适应于当时的需要而不能不写的"①，才能深刻把握《矛盾论》的思想旨趣和实践功能。美国学者沃马克说："理解毛泽东的思想最主要的是抓住他的实践背景。逻辑上的插补和推断、思想史的系统阐述以及与其他思想家的比较，这些次一级的工作都取决于这种生动的解读。将毛泽东简单地看作一个理论家，或脱离他的政治生活而抽象地看待他的理论，不仅会冒使观点因脱离其背景而被曲解的危险，而且还会假定，毛泽东最基本的原则之一——理论和实践密不可分——是错误的。"②毛泽东写作《矛盾论》本身就是一个理论与实践相统一的生动范例。

中国共产党建立和巩固抗日民族统一战线的历史过程就是一个不断认识与解决各种矛盾特别是国共矛盾的历史过程，就是一个实现由国共对抗到国共妥协再到国共合作的历史转变过程。建立以国共合作为基础的抗日民族统一战线最初在中国共产党内部曾引发困惑和迟疑：对于国民党这一过去的仇敌，共产党究竟是否能够再度与之合作？即便能够合作，究竟怎么合作？合作到什么程度？如果与国民党合作，那么共产党将会

---

① 《毛泽东文集》第 8 卷，人民出版社 1999 年版，第 109 页。
② 〔美〕布兰特利·沃马克：《毛泽东政治思想的基础（1917—1935）》，霍伟岸、刘晨译，中国人民大学出版社 2006 年版，第 4 页。

## 第一章 《矛盾论》写作的历史背景

变成什么样子?如果共产党人信仰三民主义,那将马克思主义、共产主义置于何地?对国民党、国民政府怀有某种"正统观念"的一些人则可能以被国民政府改编和任命为荣,以致淡忘共产党的独立性和历史使命。事实上,在建立和巩固以国共合作为基础的抗日民族统一战线的历史过程中,党内确实产生了诸如此类的思想倾向。一种思想倾向是试图以国民党、国民政府马首是瞻,将共产党的军队混同于国民党的军队,所谓"一切为了统一战线""一切经过统一战线""一切服从统一战线"就是这种思想倾向的集中体现。另一种思想倾向则是抵触、怀疑、消极对待与国民党的合作,总是自觉不自觉地用过去的革命经验来认识和对待国民党,每当与国民党发生摩擦特别是当国民党掀起反共高潮时,就认为国民党又要背叛革命。

1935年12月,中共中央在瓦窑堡会议上确定了建立最广泛的抗日民族统一战线的方针,组织一切爱国力量反对日本帝国主义和国民党。同时,会议明确指出"左"倾关门主义,是目前党内的主要危险。"左"倾关门主义者不懂得"具体问题具体分析"这一马克思主义的活的灵魂,不能从中日民族矛盾已成为中国社会的主要矛盾这一国情出发,难以理解建立抗日民族统一战线的实质和意义,因而成为当时最危险的错误思想。毛泽东在瓦窑堡会议上明确指出:"赞成统一战线,反对关门主义。人中间有三岁小孩子,三岁小孩子有许多道理都是对的,但是不能使他们管天下国家的大事,因为他们还不明白天下国家的道理。马克思列宁主义反对革命队伍中的幼稚病。坚持关门主义策略的人们所主张的,就是一套幼稚病……革命和反革命的阵线可能变动,也同世界上一切事物的可能变动一样。"①"左"倾关门主义者不懂得"矛盾的普遍性即寓于矛盾的特殊性之中"②的辩证思想,他们只承认国共有矛盾,而不承认国共矛盾在不同时期有其不同特点,更不懂得随着矛盾的转化而应该采取不同的策略。以王明为代表的右倾投降主义者,表面上看是拥护抗日民族统一战线的,其实不然。他们没有看到即使在国共合作阶段,阶级矛盾并没有因民族矛盾激化而消失,相反,阶级矛盾会通过民族矛盾的方式表现出来;他们没有看到在国共合作时期,国民党仍然没有忘记要削弱乃至消灭共产党以求继续维护自己独裁统治地位的政治图谋。

的确,国民党在抗日战争时期,仍然不忘利用各种手段削弱共产党的力量。自从中国共产党公开声明忠实践行三民主义以来,国民党顽固派故意混淆视听,竭力制造思想混乱,试图借国共合作抗日之机,实现其"溶共""防共""限共""反共"的目的。蒋介石授意张君劢给毛泽东写信,信中说:"共产党'自有党军、自有特区、自标马克思主义'是长期合作的'障碍'。"③这显然是一种公开的反共宣传,是一种公开破坏抗日

---

① 《毛泽东选集》第 1 卷,人民出版社 1991 年版,第 155 页。
② 《毛泽东选集》第 1 卷,人民出版社 1991 年版,第 304 页。
③ 黄修荣编:《抗日战争时期国共关系纪事》,中共党史出版社 1995 年版,第 344 页。

# 第一章 《矛盾论》写作的历史背景

民族统一战线的行为。

1937年6月14日,董必武在《共产主义与三民主义》一文中说:"听说国民党三中全会时,有人提议共产党员须放弃共产主义的信仰,只信三民主义,才能与国民党合作。同时中国共产党中亦有个别党员以为国民党信仰三民主义,共产党信仰共产主义,共产党员要保持其纯洁,只能信共产主义,不能再信三民主义。在两党以外的人,更多揣测,以为国民党的三民主义乃资产阶级的主张,共产党是无产阶级的政党,纵令在抗日政策上与国民党合作,决不会相信三民主义。于是过去成为问题的共产主义与三民主义的关系问题,至今日随着国共重新合作同样也成为问题。这些问题不弄清楚,将对国共合作没有信心,在抗日的艰难过程中要发生某些不应有的纠葛,甚至妨害神圣的民族革命事业。"①如何既维护国共合作关系又保持共产党的独立性,这是摆在毛泽东等中国共产党人面前的一个难题。这一难题首先必须从思想上破解。《矛盾论》就是在这个时候不得不写的了。尽管《矛盾论》的最初诞生地是在中国人民抗日军事政治大学(简称抗大),但是它面对的却是抗日战争和抗日民族统一战线,它旨在为中国共产党人正确把握和运用抗日民族统一战线的战略与策略提供方法论指导。

---

① 中共中央文献研究室编:《建党以来重要文献选编》第14册,中央文献出版社2011年版,第307页。

## 三、反对教条主义

作为革命理论家,毛泽东的思考和写作具有强烈的现实针对性,并都源于重大现实问题。《毛泽东选集》的编辑者在《实践论》和《矛盾论》的题解中说,"毛泽东的《实践论》,是为着用马克思主义的认识论观点去揭露党内的教条主义和经验主义——特别是教条主义这些主观主义的错误而写的"①,而《矛盾论》"这篇哲学论文,是毛泽东继《实践论》之后,为了同一的目的,即为了克服存在于中国共产党内的严重的教条主义思想而写的"②。毛泽东在《矛盾论》中说:"我们现在的哲学研究工作,应当以扫除教条主义思想为主要的目标。"③

教条主义者热衷于把马克思主义当作公式到处套用。例如,在第二次国内革命战争时期,虽然毛泽东等人一再反对红军攻打中心城市的策略,中共临时中央却执意要中央苏区执行红军攻打中心城市的策略,结果惨遭失败。1932年1月上旬,关于攻打赣州的策略,就是中共临时中央套用俄国中心城市起义模式,致使红军损伤3000多人,无功而返。毛泽东在《矛盾论》中指出:"关于矛盾的特殊性的问题,则还有很多的同志,特别是教条主义者,弄不清楚。他们不了解矛盾的普遍性即寓

---

① 《毛泽东选集》第1卷,人民出版社1991年版,第282页。
② 《毛泽东选集》第1卷,人民出版社1991年版,第299页。
③ 《毛泽东选集》第1卷,人民出版社1991年版,第299页。

## 第一章 《矛盾论》写作的历史背景

于矛盾的特殊性之中。他们也不了解研究当前具体事物的矛盾的特殊性,对于我们指导革命实践的发展有何等重要的意义。"[①]在第二次国内革命战争时期,"左"倾路线曾先后三次在党内取得统治地位,尤以从中共六届四中全会到遵义会议这个时期内所犯政治路线、军事路线和组织路线上的第三次"左"倾错误最为严重。第三次"左"倾错误在革命根据地的最大恶果,就是中央所在地区第五次反"围剿"战争的失败和红军主力退出中央所在地区而被迫长征,并且在长征途中表现出军事逃跑主义和军事冒险主义,使中央红军遭受重大损失。"左"倾教条主义错误给中国革命和中国共产党几乎带来了"灭顶之灾"。

为了驳斥教条主义思想,在土地革命战争时期,毛泽东就比较集中系统地研读过马列著作,初步形成了关于矛盾的思想,为以后写作《矛盾论》奠定了一定的理论基础。1957年,毛泽东曾感慨地同曾志谈道:"我没有吃过洋面包,没有去过苏联,也没有留学别的国家。我提出建立以井冈山根据地为中心的罗霄山脉中段红色政权,实行红色割据的论断,开展'十六字'诀的游击战和采取迂回打圈战术,一些吃过洋面包的人不信任,认为山沟子里出不了马克思主义。一九三二年(秋)开始,我没有工作,就从漳州以及其他地方搜集来的书籍中,把有关马恩列斯的书通通找了出来,不全不够的就向一些同志借。我就埋头读马列著作,差不多整天看,读了这本,又看那本,有时还

---

[①]《毛泽东选集》第1卷,人民出版社1991年版,第304页。

交替看着,扎扎实实下功夫,硬是读了两年书。""后来写成的《矛盾论》、《实践论》,就是在这两年读马列著作中形成的。"①当时陪同毛泽东去找书的漳州中心县委秘书长曾志回忆说:"我同他一起去龙溪中学翻书,在图书馆里他一边翻一边说,这个好,那个好,找了好多书,恐怕有好几担书,是用汽车运回中央苏区的。他很可能就是在这里找到《资本论》、《两种策略》、《'左'派幼稚病》、《反杜林论》等书和经济之类书的。"②可见,为了批驳教条主义,此时毛泽东就开始进行较为系统的哲学研究。

遵义会议是中国革命的转折点,结束了王明的"左"倾教条主义错误在中央的统治,解决了党的组织路线问题和军事路线问题,但没有来得及彻底解决党的政治路线和思想路线问题。红军长征胜利,党中央抵达陕甘宁根据地后,就准备从政治上、思想上系统纠正"左"倾教条主义错误。《论反对日本帝国主义的策略》(1935年12月)、《中国革命战争的战略问题》(1936年12月),毛泽东从政治策略、军事战略方面深刻总结了第二次国内革命战争的经验教训,主要从政治和军事两方面系统清算了党内"左"倾教条主义错误。1937年8月拟就的《辩证法唯物论(讲授提纲)》则是毛泽东从哲学和思想路线的高度深刻总结了第二次国内革命战争的经验教训,运用马克思主义的立

---

① 金冲及主编:《毛泽东传(1893—1949)》,中央文献出版社1996年版,第323页。
② 金冲及主编:《毛泽东传(1893—1949)》,中央文献出版社1996年版,第288—289页。

# 第一章 《矛盾论》写作的历史背景

场、观点和方法,深入分析了教条主义的特征,就是"不从实际情况出发,而从书本上的个别词句出发"①,把马克思主义经典作家的个别论断当成神圣不可更改的教条,而不善于把马克思主义基本原理同中国革命实践相结合,不善于把握和运用马克思主义的活的灵魂——具体问题具体分析。正如毛泽东在《矛盾论》中所说的:"我们的教条主义者是懒汉,他们拒绝对于具体事物做任何艰苦的研究工作,他们把一般真理看成是凭空出现的东西,把它变成为人们所不能够捉摸的纯粹抽象的公式。"②

到达陕北后,为了写作《辩证法唯物论(讲授提纲)》,毛泽东在延安再次较为集中系统地研读了马克思主义哲学著作。由此看来,为了驳斥教条主义,毛泽东对马克思主义哲学有过多次较为集中系统的钻研。《毛泽东选集》第 1 卷收录的《论反对日本帝国主义的策略》的题解中说:"红军长征到达陕北之后,中共中央才获得可能去有系统地说明政治策略上的诸问题。"③同样,毛泽东只有这时候才有可能从哲学高度系统总结中国革命的历史经验,驳斥和纠正党内错误思想路线。《辩证法唯物论(讲授提纲)》就是毛泽东为肃清教条主义和正确运用抗日民族统一战线战略与粗略的现实需要而不得不写的。

---

① 《毛泽东选集》第 3 卷,人民出版社 1991 年版,第 988 页。
② 《毛泽东选集》第 1 卷,人民出版社 1991 年版,第 310 页。
③ 《毛泽东选集》第 1 卷,人民出版社 1991 年版,第 143 页。

## 四、苏联哲学论战与中国哲学论战

任何新思想都是在继承前人思想的基础上形成和发展起来的。毛泽东的《矛盾论》就是在吸取时代哲学思潮的养分中写成的,是在博览古今中外哲学名著的基础上累积起来的,是在对中国革命历史经验的总结中诞生的。在同一时期,先是苏联哲学界掀起了关于批判德波林学派的哲学大论战,进而在国内引发了一场关于唯物辩证法的新哲学论战。毛泽东写作《矛盾论》受到这两场哲学论战的深刻影响。

20世纪30年代,苏联掀起一场对马克思主义哲学发展产生深远影响的哲学论战。论战的一方是以米丁和尤金为代表的青年红色哲学家,另一方则是以德波林及其学生为代表的哲学家。论战双方主要是围绕理论与实践的关系、矛盾是否贯穿事物发展过程始终、列宁及列宁主义在马克思主义哲学发展史的地位及评价等重要问题展开的。"从苏联哲学界批判德波林学派的文章中看出,德波林学派有这样一种见解,他们认为矛盾不是一开始就在过程中出现,须待过程发展到一定的阶段才出现。"[1]1930年6月7日,青年红色哲学家米丁、尤金等三人按照斯大林的指示在《真理报》发表了《论马克思主义哲学的新任务》一文,旨在提醒德波林学派在"大转变"时期哲学研究

---

① 《毛泽东选集》第1卷,人民出版社1991年版,第306页。

## 第一章 《矛盾论》写作的历史背景

要和实际政治结合起来,要实现理论与实际的结合,否则就会步唯心主义的后尘。毛泽东在《矛盾论》中说:"德波林的唯心论在中国共产党内发生了极坏的影响,我们党内的教条主义思想不能说和这个学派的作风没有关系。"①德波林学派联名在《在马克思主义旗帜下》1930 年第 5 期上发表了《关于哲学战线中两条战线的斗争》一文作为回应。该文的中心思想是,苏联正处于低水平的不发达的阶段,当前马克思主义哲学研究的中心任务是与各种唯心主义理论做斗争。在论战过程中,由于德波林学派不仅在哲学理论研究上存在不足,而且在政治实践中缺乏坚定立场,所以逐渐开始接受青年红色哲学家的批判并积极主动地进行自我批评。联共(布)中央通过决议,向全党宣布了德波林学派的错误,决定解散由德波林任主编的《在马克思主义旗帜下》编辑部,并以青年红色哲学家为主体组建新的编辑部。在论战结束时,以米丁和尤金为代表的青年红色哲学家召开了红色教授学院党支部全体大会并形成了一个新的决议,有学者认为德波林学派的主要错误:"一是理论脱离实践、哲学脱离政治,复活了第二国际有害的教条;二是歪曲、违背列宁的哲学党性原则,背离斯大林主义这一新的党的总路线;三是拒绝承认斯大林的伟大发明,否定列宁开创了马克思主义以及马克思主义哲学中的新阶段。"②斯大林清除了带有"左"

---

① 《毛泽东选集》第 1 卷,人民出版社 1991 年版,第 299 页。
② 张亮:《在哲学政治化的起点上——重读斯大林 1930 年 12 月 9 日的谈话》,《山东社会科学》2010 年第 11 期,第 14 页。

## 《矛盾论》精学导读

倾色彩的德波林学派,起到了"以正视听"的效果,对马克思主义哲学的传播和发展具有深远意义。此次论战的成果集中体现为米丁主编的《辩证法唯物论教程》《新哲学大纲》和西洛可夫主编的《辩证唯物论与历史唯物论》三本苏联哲学教科书。毛泽东正是在1936年至1937年反复阅读了这几本苏联哲学教科书,并且在阅读《辩证法唯物论教程》和《辩证唯物论与历史唯物论》这两本书时做了大量的笔记,为写作《矛盾论》做了充分的理论准备。

另外,上述苏联的哲学论战对中国哲学界也产生了重要影响。毛泽东在《矛盾论》中说:"苏联哲学界在最近数年中批判了德波林学派的唯心论,这件事引起了我们的极大的兴趣。"① 同一时期,中国学术界也掀起了一场关于唯物辩证法的哲学论战。李达和艾思奇把这三本苏联哲学教科书当作自己同德波林学派划清界限的红线,并以此为工具同国内德波林学派即叶青、胡秋原等为代表的资产阶级哲学家进行哲学论战。在这场哲学论战中,形成了以叶青、张东荪等为代表和以艾思奇、邓云特(邓拓)等为代表的两派。叶青等人以《研究与批判》为主要阵地,疯狂歪曲、攻击马克思主义哲学,艾思奇等人则以《读书生活》为主要阵地,彻底揭露、批判叶青哲学的虚伪和荒谬。两派围绕辩证法的若干问题进行了哲学论战。这场哲学论战受到整个哲学界的关注,对中国现代哲学的发展影响极大。当时

---

① 《毛泽东选集》第1卷,人民出版社1991年版,第299页。

## 第一章 《矛盾论》写作的历史背景

的新哲学论战尽管只是在国民党统治区发生,但是其影响范围却远远超出了国民党统治区的范围。毛泽东对艾思奇的《哲学与生活》、李达的《社会学大纲》等哲学书籍,爱不释手,反复阅读,并做了大量批注。由此可见,这场哲学论战对毛泽东写作《矛盾论》的影响极大。

## 第二章 《矛盾论》是怎样诞生的

毛泽东写作《矛盾论》经历了一个长期酝酿、精心提炼的过程，大致包括三个阶段：第一个阶段，毛泽东认真批阅苏联哲学教科书等著作，进一步理解和掌握马克思主义哲学原理，并对中国革命战争的历史经验进行理论总结，这是毛泽东写作《矛盾论》的准备阶段；第二个阶段，毛泽东在为抗大讲授马克思主义哲学课程的过程中，写成《辩证法唯物论（讲授提纲）》，随后一些党政军机关及传媒机构从中选出"矛盾统一法则"一节出版了油印本、单行本，这是《矛盾论》的雏形；第三个阶段，中华人民共和国成立后，毛泽东对《矛盾统一法则》进行精心修改，并改名为《矛盾论》，于 1952 年 4 月 1 日在《人民日报》全文发表，并被编入《毛泽东选集》第 2 卷中，这是《矛盾论》的基本定稿，随后毛泽东又做了一些修改，后被编入《毛泽东选集》第 1 卷第 2 版中，这是《矛盾论》的最终定稿。

### 一、博览群书，潜心思考

在写作《辩证法唯物论（讲授提纲）》以前，在毛泽东的许多著作里就已经有关于矛盾问题的大量论述。例如，在《中国的

## 第二章 《矛盾论》是怎样诞生的

红色政权为什么能够存在?》一文中,毛泽东就开始运用矛盾的观点分析"中国内部各派军阀的矛盾和斗争,反映着帝国主义各国的矛盾和斗争"①。在《星星之火,可以燎原》一文中,毛泽东遵循矛盾普遍性的原理,运用矛盾的观点和方法来分析当时中国革命的情况:"既然国际上帝国主义相互之间、帝国主义和殖民地之间、帝国主义和它们本国的无产阶级之间的矛盾是发展了……农民则更加仇恨地主。"②在《中国革命战争的战略问题》一文中,毛泽东说:"战争——从有私有财产和有阶级以来就开始了的、用以解决阶级和阶级、民族和民族、国家和国家、政治集团和政治集团之间、在一定发展阶段上的矛盾的一种最高的斗争形式。"③在《中国共产党在抗日时期的任务》一文中,毛泽东运用矛盾的普遍性和特殊性原理分析中日民族矛盾在不同的发展阶段呈现的不同特点及其如何发展成为中国社会的主要矛盾;运用主次矛盾及矛盾的主次方面原理分析围绕中日民族矛盾的其他次要矛盾是如何发展的。毛泽东对中国革命面对的错综复杂矛盾的思考和分析,为以后写作《辩证法唯物论(讲授提纲)》奠定了坚实的思想基础。

红军抵达陕甘革命根据地后,毛泽东处在一个相对安稳的环境中,于是他就开始集中精力阅读大量哲学书籍,如苏联哲学家米丁等著的《辩证唯物论与历史唯物论》、西洛可夫和爱森堡合

---

① 《毛泽东选集》第 1 卷,人民出版社 1991 年版,第 47 页。
② 《毛泽东选集》第 1 卷,人民出版社 1991 年版,第 100—101 页。
③ 《毛泽东选集》第 1 卷,人民出版社 1991 年版,第 171 页。

著的《辩证法唯物论教程》、米丁等著的《新哲学大纲》等。毛泽东在阅读这些苏联哲学书籍时,密切联系中国革命的实践进行思考。例如,毛泽东在阅读西洛可夫和爱森堡合著的《辩证法唯物论教程》中关于均衡论问题时,不是就事论事,而是提出"为什么中国与日本的矛盾成为主要矛盾"①这一当时中国革命直接面对的重大问题。这本书他研读了多遍,许多章节至少批注了四遍,共写了 12 000 多字的批注。另一本由米丁等著的《辩证唯物论与历史唯物论》,他也研读了多遍,写了 2600 多字的批注。

其一,毛泽东对这些哲学著作的阅读和思考始终密切联系中国革命的实践与理论问题。例如,在读到矛盾特殊性、不同的矛盾要用不同的方法解决时,毛泽东就联系了中国革命实际过程:"中日民族矛盾要用联合资产阶级的统一战线去解决。一九二七(年)后的国内矛盾,却只用联合农民与小资产阶级的统一战线去解决。劳资间的矛盾,在平常时期要用工人统一战线去解决。党内及革命队伍内正确路线与错误顷向间的矛盾,用思想斗争的方法去解决。在国际,无产阶级与资产阶级间的矛盾,用革命去解决。苏联无产阶级与农民的矛盾,则用工业化与农业集体化去解决。社会与自然间的矛盾,用发展生产力去解决。过程的矛盾不同,解决的方法也不同。"②毛泽东在哲学批注

---

① 中共中央文献研究室编:《毛泽东哲学批注集》,中央文献出版社 1988 年版,第 101 页。
② 中共中央文献研究室编:《毛泽东哲学批注集》,中央文献出版社 1988 年版,第 73—74 页。

## 第二章 《矛盾论》是怎样诞生的

中阐述了必须用不同方法去解决不同矛盾这一马克思主义哲学的基本原则。

其二,毛泽东的哲学批注涉及矛盾思想的很多方面。毛泽东在阅读《辩证法唯物论教程》和《辩证唯物论与历史唯物论》时,所做的哲学批注几乎囊括了后来在《辩证唯物论(讲授提纲)》"矛盾统一法则"一节里涉及矛盾思想的所有方面,诸如两种发展观(机械的发展观和唯物辩证的发展观)、矛盾的普遍性和特殊性、主次矛盾及矛盾的主次方面、矛盾的对立和统一、同一性和斗争性及对抗在矛盾中的地位等六个方面均有简要阐述。例如,"不认识矛盾,便不能认识过程的发展法则"[1],"矛盾的特殊性,每一不同过程的矛盾互不相同"[2],"对立的方面互为条件,一方存在他方才能存在"[3]。

毛泽东的大量批注生动说明,《矛盾论》是他在探索世界客观规律、社会发展规律特别是中国革命规律的过程中逐渐写就的。毛泽东哲学不是书斋哲学,是在理论和实践相统一的基础上形成的。一方面,毛泽东抽时间阅读了大量的哲学书籍,其中大致可以分为四类:一是马克思主义哲学原著,二是苏联的哲学教科书,三是中外哲学史家的著作(包括介绍他们哲学思想的读

---

[1] 中共中央文献研究室编:《毛泽东哲学批注集》,中央文献出版社1988年版,第66页。
[2] 中共中央文献研究室编:《毛泽东哲学批注集》,中央文献出版社1988年版,第72页。
[3] 中共中央文献研究室编:《毛泽东哲学批注集》,中央文献出版社1988年版,第75页。

物），四是中国现代哲学家写的哲学书籍。毛泽东阅读的哲学书籍尤其是马克思主义哲学著作对他哲学修养的提升具有很大的作用，也为他以后在抗大讲授马克思主义哲学打下坚实的哲学基础，更为《辩证法唯物论（讲授提纲）》的写作提供了丰富的思想资料。另一方面，毛泽东阅读哲学书籍是把哲学当作研究问题的工具，不断提高自己认识问题和解决问题的辩证思维能力。

毛泽东关于矛盾的思想就是为认识和解决矛盾而形成的。他前期阅读哲学书籍所做的哲学批注及运用矛盾观对时局得出的正确论断都在《辩证法唯物论（讲授提纲）》中得到充分的体现。例如，阅读《辩证法唯物论教程》中关于两种见解时批注："第一种见解，机械的发展观，发展由于量的增减。只从片面与外面看问题，不从全面与里面看问题，不能说明事物发展的原因。第二种见解，唯物辩证的发展观，暴露过程自己运动的源泉。所谓认识过程，就是暴露出过程之充满了矛盾的各方面，确定这些方面之相互关系，追求过程之矛盾的运动。"[①]这里毛泽东已经很清晰地将两种宇宙观区分开来，直接为《辩证法唯物论（讲授提纲）》中关于两种宇宙观的论述提供了思想材料。在读到关于统一物的分裂、本质的对立之暴露时，毛泽东批注说："不认识矛盾，便不能认识过程的发展法则。"[②]这一批注实则

---

[①] 中共中央文献研究室编：《毛泽东哲学批注集》，中央文献出版社1988年版，第64—65页。

[②] 中共中央文献研究室编：《毛泽东哲学批注集》，中央文献出版社1988年版，第66页。

## 第二章 《矛盾论》是怎样诞生的

阐明了矛盾普遍性原理的方法论要求。在阅读《辩证法唯物论教程》过程中，毛泽东实际上已经在运用其主要矛盾原理分析中国革命问题了。例如，毛泽东批注说："九一八后，中日矛盾成为主要矛盾。我们论证了民族统一战线的现实性，证明了民主共和国的可能，这样去解决这个主要矛盾。"① "中日民族矛盾要用联合资产阶级的统一战线去解决。一九二七（年）后的国内矛盾，却只用联合农民与小资产阶级的统一战线去解决。劳资间的矛盾，在平常时期要用工人统一战线去解决。党内及革命队伍内正确路线与错误倾向间的矛盾，用思想斗争的方法去解决。在国际，无产阶级与资产阶级间的矛盾，用革命去解决。苏联无产阶级与农民的矛盾，则用工业化与农业集体化去解决。社会与自然间的矛盾，用发展生产力去解决。过程的矛盾不同，解决的方法也不同。"② 毛泽东阅读的大量书籍和所写的批注为此后写作与讲授《辩证法唯物论（讲授提纲）》做了充分准备。

## 二、抗大授课，单独成册

1936年5月8日，中共中央在陕北延长县交口镇召开政治局扩大会议，毛泽东在会上作了题为《目前形势与今后战略方

---

① 中共中央文献研究室编：《毛泽东哲学批注集》，中央文献出版社1988年版，第68—69页。
② 中共中央文献研究室编：《毛泽东哲学批注集》，中央文献出版社1988年版，第73—74页。

针》的报告，提出办红军学校问题。会议经过讨论，同意毛泽东的主张，决定在瓦窑堡创办红军大学。不久，毛泽东进一步明确了红军大学的领导成员及学习时间等事项。为适应抗日形势发展的需要，中共中央军委于1937年1月19日，决定将"抗日红军大学"改名为"中国人民抗日军事政治大学"。为适应学校规模不断扩大的新形势，抗大设立了教育委员会，委员会主席由中央军委主席毛泽东兼任，以便进一步加强对抗大的领导。

为了认真总结十年内战的经验教训，使抗大全体教职学员在思想上进一步肃清党内"左"倾和右倾错误，抗大请党中央领导同志作辅导报告。毛泽东为此于1937年5月到抗大讲授《辩证法唯物论》。每星期二、星期四上午，毛泽东准时到抗大讲课，每次讲授4个小时，下午还会参加学员讨论，随时回答大家提出的问题。从5月起直至7月"卢沟桥事变"爆发前后，毛泽东共授课110多个小时。在长达3个多月的授课中，毛泽东运用辩证唯物论和历史唯物论，全面总结中国共产党16年来的经验教训，深刻地揭露了"左"倾和右倾机会主义错误的实质，使抗大同志深受教育，这对于进一步认清主观主义、教条主义思想方法对中国革命的严重危害，端正实事求是、一切从实际出发的思想路线，学会运用科学的领导方法与工作方法，提高思想水平和工作能力具有重大的指导作用。[①]1960年12月25日，毛泽东在回忆当时

---

① 参见中国人民解放军国防大学：《中国人民抗日军事政治大学史》，国防大学出版社2000年版，第37页。

## 第二章 《矛盾论》是怎样诞生的

讲课的场景时说:"写《实践论》、《矛盾论》,是为了给抗大讲课。他们请我讲课,我也愿意去当教员。去讲课,可以总结革命的经验。讲一次课,整整要花一个星期的时间做准备,而且其中还要有两个通宵不能睡觉。准备了一个星期,讲上两个钟头的课,就'卖'完了。课不能照书本去讲。那样讲,听的人要打瞌睡。自己做准备,结合实际讲,总结革命经验,听的人就有劲头了。"①

《辩证法唯物论(讲授提纲)》约有 63 000 字,其中,论述"矛盾统一法则"内容的约有 26 000 字。"矛盾统一法则"虽然仅仅是《辩证法唯物论(讲授提纲)》的一节,但它的篇幅却占整本《辩证法唯物论(讲授提纲)》的一小半,约 41.27%。更重要的是,它是整本《辩证法唯物论(讲授提纲)》中最有理论创新的部分之一,最能体现马克思主义中国化特点的内容之一。因此,在油印整本《辩证法唯物论(讲授提纲)》的同时,毛泽东又将其抽出单独油印成册,送给艾思奇、吴亮平等人评阅。"《吴亮平传》对毛送吴'两论'油印本有所记述,并刊有毛泽东签署的'吴亮平同志:请阅正毛'的《实践论》油印本首页照片。这说明,毛泽东在《辩证法唯物论(讲授提纲)》成稿时就把'两论'与讲授提纲的其他部分有所区别,格外看重'两论'。"②郭化若回忆说:"总政治部把讲课的记录稿整理了出来,经过毛主席同意,打印若干份,分给我们学习。后来毛主席根

---

① 《建国以来毛泽东军事文稿》下卷,中央文献出版社 2010 年版,第 114 页。
② 许全兴:《有关〈实践论〉〈矛盾论〉的若干史实考订》,《北京日报》2013 年 11 月 25 日第 19 版。

据记录稿，选出其中辩证唯物论中的实践论和唯物辩证法中的矛盾统一法则两节，整理加工成为现在我们看到的《实践论》和《矛盾论》。"①

## 三、精心修改，最终定型

1951年3月初，毛泽东对拟将收录入《毛泽东选集》的文章进行编辑和修改，并继续指导土地改革、镇压反革命和抗美援朝运动。在对《矛盾论》的修改过程中，毛泽东曾前后多次同田家英和陈伯达等人进行书信交流。例如，1951年3月8日毛泽东致信陈伯达、田家英说："《矛盾论》作了一次修改，请即重排清样两份，一份交伯达看，一份送我再看。论形式逻辑的后面几段，词意不畅，还须修改。其他有些部分也还须作小的修改。此件在重看之后，觉得以不加入此次选集为宜，因为太像哲学教科书，放入选集将妨碍《实践论》这篇论文的效力，不知你们感觉如何？此点待将来再决定。你们暂时不要来，待《矛盾论》清样再看过及他文看了一部分之后再来，时间大约在月半。"②1951年3月15日，毛泽东又致信田家英说："《矛盾论》的原稿请即送来。凡校对，都须将原稿连同清样一起送来。

---

①《郭化若文集》，军事科学出版社2004年版，第655页。
② 中共中央文献研究室编：《毛泽东年谱（1949—1976）》第1卷，中央文献出版社2013年版，第311—312页。

## 第二章 《矛盾论》是怎样诞生的

以前的一切原稿均请送来。"①1951年4月1日,毛泽东就《毛泽东选集》的编辑工作再次致信田家英说:"《中国共产党在民族战争中的地位》、《矛盾论》,请不要送去翻译,校对后再送我看。已注好印出的各篇,请送来看。"②毛泽东不断与人讨论,反复琢磨和推敲,对于《矛盾论》的修改是极其认真细致的。

毛泽东对"矛盾统一法则"部分的精心修改主要包括标题修改、结构修改、内容修改、表述修改四个方面,这些方面紧密联系,共同反映了毛泽东对矛盾问题认识的不断深化。

第一,标题修改:毛泽东把该论文标题《矛盾统一法则》修改为《矛盾论》;把论文第一部分的标题"两种发展观"修改为"两种宇宙观"。

第二,结构修改:毛泽东把原稿的第二部分"形式论理学的同一律与辩证法的矛盾律"整节删去,论文从原来的七部分修改为六部分。

第三,内容修改:毛泽东对原稿的一些内容进行修改,一方面是对一些例证进行删减,使论述更简洁、有力;另一方面是增加了一些新的哲学观点,以完善原有论述。

首先,对一些例证进行了删减。例如,在讲矛盾的同一性与斗争性的部分,删去了正规战争与游击战争及其他一些关于在

---

① 中共中央文献研究室编:《毛泽东年谱(1949—1976)》第1卷,中央文献出版社2013年版,第313页。

② 中共中央文献研究室编:《毛泽东年谱(1949—1976)》第1卷,中央文献出版社2013年版,第322页。

一定条件下具有同一性的例子，同时还删去了"唐吉诃德的奋力同风车作战、孙悟空的十万八千里的筋斗云、阿丽斯的漫游奇境、鲁滨孙的飘流孤岛，阿Q的精神胜利、希特勒的世界统治"①等一些不能成为论述矛盾的同一性的例子。

其次，关于增加的思想内容主要有以下几处。在"两种宇宙观"这一节里，毛泽东增加了"辩证法的宇宙观，不论在中国，在欧洲，在古代就产生了……就在中国思想界引起了极大的变化"②。"这个辩证法的宇宙观……对于我们是非常重要的。"③这两部分内容。这两部分新增加的内容，一方面是从哲学史的角度论证辩证唯物论和历史唯物论的重要性，另一方面是强调辩证法的方法论意义。在"矛盾的普遍性"这一节里，第一自然段和最后一个自然段是新增的，增加第一自然段是为了说明先分析矛盾的普遍性再分析矛盾的特殊性的原因，而增加最后一个自然段则是强调中国共产党人必须学会矛盾分析方法，以利于正确分析中国革命的历史和现状。在"矛盾的特殊性"这一节里，毛泽东增加了"人类认识的两个过程的互相联结——由特殊到一般，又由一般到特殊"④的观点和论述。在论述主次矛盾及矛盾的主次方面时，毛泽东则新增了"事物的性质主要

---

① 毛泽东：《辩证法唯物论（讲授提纲）》，中国人民解放军政治学院训练部翻印，年代不详。
②《毛泽东选集》第1卷，人民出版社1991年版，第303—304页。
③《毛泽东选集》第1卷，人民出版社1991年版，第304页。
④《毛泽东选集》第1卷，人民出版社1991年版，第310页。

## 第二章 《矛盾论》是怎样诞生的

地是由取得支配地位的矛盾的主要方面所规定的"①论述。

第四,表述修改:毛泽东对原稿的一些表述进行了修改。一方面是用更有力度、更规范的表述替换原稿的相关表述,使其更简洁、更明确、更准确,更具有专业性;另一方面是更为明确地指出党在革命时期所犯的错误,使其更具针对性。一是把原稿中"因此,我们的辩证法,就从这个问题讲起,并且把这个问题讲得比其他问题详细一些"②,改成"因此,我们在研究这个法则时,不得不涉及广泛的方面,不得不涉及许多的哲学问题。如果我们将这些问题都弄清楚了,我们就在根本上懂得了唯物辩证法"③。还把原稿中对矛盾运动的两种状态"第一种统一(同一)状态"和"第二种统一状态"的表述修改为"相对地静止的状态"和"显著地变动的状态"。④二是在原稿中没有直接点名批评"教条主义",修改后的《矛盾论》则直言就是为了批判和克服党内存在的教条主义思想而写的,写作意图更为明确直白,明确点名批判教条主义的思想特征及其严重危害。

1952年4月1日,经过修改的《矛盾论》在《人民日报》正式发表,并于同年4月被编入《毛泽东选集》第2卷。随后,

---

① 《毛泽东选集》第1卷,人民出版社1991年版,第323页。
② 毛泽东:《辩证法唯物论(讲授提纲)》,中国人民解放军政治学院训练部翻印,年代不详。
③ 《毛泽东选集》第1卷,人民出版社1991年版,第299页。
④ 毛泽东:《辩证法唯物论(讲授提纲)》,中国人民解放军政治学院训练部翻印,年代不详。

毛泽东对《矛盾论》又作了一些修改。同年7月，被编入《毛泽东选集》第1卷第2版。至此，《矛盾论》才最终定稿。关于最后这次修改，1952年9月17日，毛泽东还专门致信李达说："《矛盾论》第四章第十段第三行'无论什么矛盾，也无论在什么时候，矛盾着的诸方面，其发展是不平衡的'，这里'也无论在什么时候'八字应删，在选集第一卷第二版时，已将这八个字删去。你写解说时，请加注意为盼！"①

综上所述，无论是最初写作《辩证法唯物论（讲授提纲）》，还是以后修改《矛盾论》，都是毛泽东不断进行实践探索和理论探索的思想成果，都是对中国革命历史经验的哲学总结。毛泽东写作《矛盾论》经历了一个长期锤炼的历史过程，最终成为马克思主义中国化的哲学经典。

---

① 中共中央文献出版社编：《建国以来毛泽东文稿》第3册，中央文献出版社1989年版，第551页。

# 第三章 《矛盾论》的结构分析

《矛盾论》以矛盾法则即对立统一规律为核心，以矛盾的普遍性与特殊性、同一性与斗争性的关系为两翼，以矛盾的特殊性为重点，以主要矛盾与非主要矛盾、矛盾的主要方面和非主要方面的相互转化为枢纽，形成"一体两翼"的理论结构、双重的文化品格、多重的知识结构，以及原理阐述、例证分析和方法论倡导相结合的阐述结构，鲜明地呈现出世界观与方法论、辩证法与认识论、理论与实践高度统一的理论特征，在马克思主义发展史上首次深刻系统地阐述了对立统一规律,与《实践论》一起为马克思主义中国化奠定了哲学基础。深刻把握《矛盾论》的理论结构对于我们正确理解和运用其理论与方法具有重要意义。

## 一、《矛盾论》的理论结构

《矛盾论》包括前言、两种宇宙观、矛盾的普遍性、矛盾的特殊性、主要的矛盾和主要的矛盾方面、矛盾诸方面的同一性和斗争性、对抗在矛盾中的地位、结论等八个部分。除前言和结论外,根据其思想内容,《矛盾论》可以概括为三大部分:第一部分是关于两种宇宙观的问题,阐述了两种宇宙观的根本对立、矛盾法则是唯物辩证法的根本法则等问题;第二部分是关于矛盾的普遍性与特殊性及其辩证关系问题,阐述了矛盾的普遍性和特殊性及其辩证关系,以及主要矛盾和次要矛盾、矛盾的主要方面和次要方面及其相互转化等问题;第三部分是关于矛盾的同一性和斗争性及其辩证关系问题,阐述了矛盾的同一性和斗争性及其辩证关系、对抗在矛盾中的地位等问题。如果说对立统一规律是唯物辩证法的根本法则或实质和核心,那么,矛盾的普遍性与特殊性及其辩证关系、矛盾的同一性和斗争性及其辩证关系则是对立统一规律的"两翼",由此《矛盾论》形成了"一体两翼"的理论结构。毛泽东将矛盾的斗争性视为矛盾的普遍性和绝对性而将矛盾的同一性视为矛盾的特殊性和相对性,这样矛盾的普遍性与特殊性、斗争性与同一性、共性与个性、绝对与相对就形成了相互对应的关系。"在同一性中存在着斗争性,在特殊性中存在着普遍性,在个性中存在着共性。拿列宁的话来说,叫做'在相对的东西里面有着绝对的东西'。"①

  前言共有340余字,分为两个自然段;虽然篇幅很简短,内容却很丰富,简要地说明了《矛盾论》的主题、内容和意义,以及写作的缘起和意图,是全文的纲领,可谓开门见山、开宗明义。

---

① 《毛泽东选集》第1卷,人民出版社1991年版,第333页。

## 第三章 《矛盾论》的结构分析

第一自然段主要包含三层意思:一是明确提出了《矛盾论》的研究主题和核心观点,即事物的矛盾法则和对立统一的法则,是唯物辩证法最根本的法则;二是说明了《矛盾论》要分析的主要问题,即两种宇宙观、矛盾的普遍性、矛盾的特殊性、主要的矛盾和矛盾的主要方面、矛盾诸方面的同一性和斗争性、对抗在矛盾中的地位等六个方面的问题;三是说明了研究这些问题的意义,指出如果我们将这些问题都弄清楚了,我们就从根本上懂得了唯物辩证法。第一层意思是对第二层意思的概括,第二层意思是对第一层意思的具体化,这两层意思的关系一目了然。第三层意思则阐明了《矛盾论》研究的目的和意义,即从根本上把握唯物辩证法。

第二自然段共有三句话,包含两层意思。一是简要说明《矛盾论》写作的缘起,即苏联哲学界在最近数年中批判了德波林学派的唯心论,这件事引起了我们极大的兴趣。德波林学派的唯心论在中国共产党内产生了极坏的影响,我们党内的教条主义思想不能说和这个学派的作风没有关系。二是说明《矛盾论》写作的主要意图,即我们现在的哲学研究工作,应当以扫除教条主义思想为主要的目标。上述两层意思的关系虽然不难体会,但依然耐人寻味。第一句说,苏联哲学界对德波林学派唯心论的批判引起了我们极大的兴趣。那么,为什么引起我们极大的兴趣呢?第二句回答说,德波林学派的唯心论在中国共产党内产生了极坏的影响,我们党内的教条主义思想不能说和这个学派的作风没有关系。因此,第三句说,我们现在的哲学研究工作，应当以扫除教条主义思想为主要的目标。如果说苏联批判德波林学派为我们扫除党内的教条主义思想提供了历史契机和外部条件，那么，我们批判党内的教条主义思想则是对苏联批判德波林学派的及时呼应，以期消除苏联德波林学派的唯心论对中国共产党产生的极坏影响。

### 1. 矛盾法则即自然、社会和思维的根本法则

所谓事物的矛盾法则即对立统一法则就是指矛盾运动是事物产生和发展的动力与源泉，事物的内部矛盾运动即内因是事物变化的根据，而事物的外部矛盾运动即外因是事物变化的条件，外因通过内因起作用。《矛盾论》指出："唯物辩证法的宇宙观主张从事物的内部、从一事物对他事物的关系去研究事物的发展，即把事物的发展看做是事物内部的必然的自己的运动，而每一事物的运动都和它的周围其他事物互相联系着和互相影响着。事物发展的根本原因，不是在事物的外部而是在事物的内部，在于事物内部的矛盾性。任何事物内部都有这种矛盾性，因此引起了事物的运动和发展。事物内部的这种矛盾性是事物发展的根本原因，一事物和他事物的互相联系和互相影响则是事物发展的第二位的原因。"①唯物辩证法就是研究事物的矛盾运动。因此，矛盾法则即唯物辩证法的根本法则。

---

①《毛泽东选集》第 1 卷，人民出版社 1991 年版，第 301 页。

## 第三章 《矛盾论》的结构分析

### 2. 矛盾的普遍性与特殊性及其关系是事物矛盾运动的表现形式

《矛盾论》认为,矛盾法则是矛盾的普遍性与特殊性的辩证统一。我们要理解矛盾法则既必须理解矛盾的普遍性,又必须把握矛盾的特殊性,更必须把握矛盾的普遍性与特殊性的关系。"当着我们分析事物矛盾的法则的时候,我们就先来分析矛盾的普遍性的问题,然后再着重地分析矛盾的特殊性的问题,最后仍归到矛盾的普遍性的问题。"①如果说矛盾的普遍性旨在说明矛盾法则的普遍有效性,反驳"外因论",那么,矛盾的特殊性则旨在说明矛盾法则的具体表现形式,强调不能把矛盾法则公式化。如此一来,把握矛盾的普遍性与特殊性的关系就成为理解矛盾法则的关键问题。"矛盾的普遍性和矛盾的特殊性的关系,就是矛盾的共性和个性的关系……这一共性个性、绝对相对的道理,是关于事物矛盾的问题的精髓,不懂得它,就等于抛弃了辩证法。"②《矛盾论》以矛盾的普遍性作为矛盾学说的逻辑起点,以矛盾的特殊性作为矛盾学说的重点内容,以共性和个性的辩证关系作为矛盾问题的精髓,分析了事物矛盾运动的过程性及其阶段性,提出了普遍矛盾与特殊矛盾、根本矛盾与非根本矛盾、主要矛盾和非主要矛盾、矛盾的主要方面和非主要方面等一系列对偶概念及其相互转化的思想,揭示了事

---

① 《毛泽东选集》第1卷,人民出版社1991年版,第304—305页。
② 《毛泽东选集》第1卷,人民出版社1991年版,第319—320页。

物矛盾运动的不平衡性，建构了一个矛盾特殊性的分析框架，使矛盾特殊性分析按照"别共殊"和"分层次"的思路逐步转变为具体问题具体分析，并从"矛盾转化"的分析中引出矛盾的同一性和斗争性分析。

### 3. 矛盾的同一性与斗争性及其辩证关系是事物矛盾运动的动力机制

矛盾的普遍性与特殊性及其辩证关系问题阐明了矛盾法则的普遍有效性和表现形式，但尚未阐明矛盾法则的内在机制。因此，《矛盾论》指出，在懂得了矛盾的普遍性和特殊性问题之后，我们必须进一步研究矛盾诸方面的同一性和斗争性问题。矛盾的同一性与斗争性及其辩证关系正是矛盾法则的内在机制或事物矛盾运动的动力机制。矛盾双方既同一又斗争促使主要矛盾与次要矛盾、矛盾的主要方面与次要方面相互转化，这正是事物矛盾运动的内在原因。"有条件的相对的同一性和无条件的绝对的斗争性相结合，构成了一切事物的矛盾运动。"①为了阐述矛盾的同一性与斗争性，《矛盾论》中引入了两个相对应的哲学概念：常住性和变动性。事物的常住性主要是矛盾的同一性的表现，它为斗争性提供条件和寓所；事物的变动性则主要是矛盾的斗争性的表现，它导致旧统一体的破裂和新统一体的产生。因此，矛盾的同一性相当于事物的常住性，斗争性相当于

---

① 《毛泽东选集》第 1 卷，人民出版社 1991 年版，第 333 页。

## 第三章 《矛盾论》的结构分析

事物的变动性。由于一切过程的常住性是相对的,而一种过程转化为其他种过程的这种变动性则是绝对的,所以矛盾的同一性是相对的,而矛盾的斗争性则是绝对的。

结论部分共有530余字,主要包含三层意思。一是强调《矛盾论》的核心观点,事物矛盾的法则即对立统一的法则,是自然界和人类社会的根本法则,也是思维的根本法则。二是总结《矛盾论》的要点,强调矛盾的普遍性与特殊性、绝对性与相对性的关系,强调分析主要矛盾和矛盾的主要方面对分析矛盾特殊性的重要性、分析各种斗争形式对分析矛盾的斗争性的重要性。三是阐明掌握对立统一规律的重要意义,即既能够纠正违反马克思列宁主义基本原则不利于我们的革命事业的那些教条主义的思想,又能够使有经验的同志们总结自己的经验,使之具有原则性,从而避免重复出现经验主义的错误。

## 二、《矛盾论》的阐述结构

《矛盾论》在阐述其概念和原理时,通常是先提出概念和原理,然后再列举一些例证予以分析和说明,以便让人能够很容易理解其思想。在所列举的这些例证中,有的是毛泽东从其他人那里借用而来的,有的则是他自己提出来的;有的是神话故事,有的是历史事件;有中国的事例,也有外国的事例;如此等等。这些例证各式各样,使本来晦涩难懂的理论论述不仅通俗易懂，而且生动有趣。《矛盾论》采用了原理阐述与例证分析相结合的阐述结构，既使原理阐述摆脱了单纯的逻辑推演而具有实际内容和现实针对性，又将诸多例证提升到理论高度来思考和说明；既让人通过原理阐述理解各种事例，又让人通过各种事例来理解原理，充分运用了理论密切联系实际的分析方法和说明方法。按照其思想内容，原理阐述与例证分析相结合主要有以下三种方式或三种情况。

### 1. 举例说明所阐述的概念或原理

《矛盾论》采用原理阐述与例证分析相结合的第一种情况，就是列举一些通俗易懂的例证来说明其所阐述的概念和原理，这些例证因为一看就懂，所以无须再分析，这是例证分析和说明中最简单的一种方式。毛泽东在《矛盾论》中列举了很多事例来说明问题。

例证之一，毛泽东在阐述矛盾的普遍性时，列举了如下事例："在数学中，正和负，微分和积分。在力学中，作用和反作用。在物理学中，阳电和阴电。在化学中，原子的化合和分解。在社会科学中，阶级斗争。战争中的攻守，进退，胜败，都是矛盾着的现象。"①

例证之二，在提出"所谓片面性，就是不知道全面地看问题"的观点后，毛泽东列举了许多例证予以说明："只了解中国一方、

---

① 《毛泽东选集》第1卷，人民出版社1991年版，第306页。

## 第三章 《矛盾论》的结构分析

不了解日本一方,只了解共产党一方、不了解国民党一方、只了解无产阶级一方、不了解资产阶级一方,只了解农民一方、不了解地主一方,只了解顺利情形一方、不了解困难情形一方,只了解过去一方、不了解将来一方……如此等等。"①

例证之三,在论述矛盾同一性的第一种内涵即矛盾双方互相依存时,毛泽东列举了许多例证:"没有生,死就不见;没有死,生也不见。没有上,无所谓下;没有下,也无所谓上。没有祸,无所谓福;没有福,也无所谓祸。"②

例证之四,为了说明幻想的同一性,毛泽东列举了一些神话传说,例如,"《山海经》中所说的'夸父追日',《淮南子》中所说的'羿射九日',《西游记》中的孙悟空七十二变和《聊斋志异》中的许多鬼狐变人的故事等等"③。

### 2. 运用原理分析和说明例证

《矛盾论》采用原理阐述与例证分析相结合的第二种情况,是运用其所提出的原理或观点对例证加以深入分析,既进一步阐明了原理或观点的思想内容,又展示了运用原理分析和说明问题的方法论。例如,在提出"研究事物发展过程中的各个发展阶段上的矛盾的特殊性,不但必须在其联结上、

---

① 《毛泽东选集》第 1 卷,人民出版社 1991 年版,第 312 页。
② 《毛泽东选集》第 1 卷,人民出版社 1991 年版,第 328 页。
③ 《毛泽东选集》第 1 卷,人民出版社 1991 年版,第 331 页。

在其总体上去看，而且必须从各个阶段中矛盾的各个方面去看"①的观点后，毛泽东较为深入地分析了国共两党及其关系的历史性变化。

"国民党方面，在第一次统一战线时期，因为它实行了孙中山的联俄、联共、援助工农的三大政策，所以它是革命的、有朝气的，它是各阶级的民主革命的联盟。一九二七年以后，国民党变到了与此相反的方面，成了地主和大资产阶级的反动集团。一九三六年十二月西安事变后又开始向停止内战、联合共产党共同反对日本帝国主义这个方面转变。这就是国民党在三个阶段上的特点。形成这些特点，当然有种种的原因。中国共产党方面，在第一次统一战线时期，它是幼年的党，它英勇地领导了一九二四年至一九二七年的革命；但在对于革命的性质、任务和方法的认识方面，却表现了它的幼年性，因此在这次革命的后期所发生的陈独秀主义能够起作用，使这次革命遭受了失败。一九二七年以后，它又英勇地领导了土地革命战争，创立了革命的军队和革命的根据地，但是它也犯过冒险主义的错误，使军队和根据地都受了很大的损失。一九三五年以后，它又纠正了冒险主义的错误，领导了新的抗日的统一战线，这个伟大的斗争现在正在发展。在这个阶段上，共产党是一个经过了两次革命的考验、有了丰富的经验的党。这些就是中国共产党在三个阶段上的特点。形成这些特点也有种种的原因。不

---

① 《毛泽东选集》第 1 卷，人民出版社 1991 年版，第 315 页。

## 第三章 《矛盾论》的结构分析

研究这些特点,就不能了解两党在各个发展阶段上的特殊的相互关系:统一战线的建立,统一战线的破裂,再一个统一战线的建立。而要研究两党的种种特点,更根本的就必须研究这两党的阶级基础以及因此在各个时期所形成的它们和其他方面的矛盾的对立。例如,国民党在它第一次联合共产党的时期,一方面有和国外帝国主义的矛盾,因而它反对帝国主义;另一方面有和国内人民大众的矛盾,它在口头上虽然允许给予劳动人民以许多的利益,但在实际上则只给予很少的利益,或者简直什么也不给。在它进行反共战争的时期,则和帝国主义、封建主义合作反对人民大众,一笔勾销了人民大众原来在革命中所争得的一切利益,激化了它和人民大众的矛盾。现在抗日时期,国民党和日本帝国主义有矛盾,它一面要联合共产党,同时它对共产党和国内人民并不放松其斗争和压迫。共产党则无论在哪一时期,均和人民大众站在一道,反对帝国主义和封建主义;但在现在的抗日时期,由于国民党表示抗日,它对国民党和国内封建势力,也就采取了缓和的政策。由于这些情况,所以或者造成了两党的联合,或者造成了两党的斗争,而且即使在两党联合的时期也有又联合又斗争的复杂的情况。如果我们不去研究这些矛盾方面的特点,我们就不但不能了解这两个党各各和其他方面的关系,也不能了解两党之间的相互关系。"①

---

① 《毛泽东选集》第 1 卷,人民出版社 1991 年版,第 315—317 页。

### 3. 在例证分析中提出新原理

《矛盾论》采用原理阐述与例证分析相结合的第三种情况，是在运用原理分析和说明例证的过程中又提出了新原理、新观点或新论断，或者说，在对例证的分析和说明过程中蕴含着新原理、新观点或新论断。这些新原理、新观点或新论断不仅是说明原理的例证，而且具有独立的思想意义。

例如，在阐述事物发展过程具有阶段性的观点时，毛泽东说："拿从辛亥革命开始的中国资产阶级民主革命过程的情形来看，也有了若干特殊阶段。特别是在资产阶级领导时期的革命和在无产阶级领导时期的革命，区别为两个很大不同的历史阶段。这就是：由于无产阶级的领导，根本地改变了革命的面貌，引出了阶级关系的新调度，农民革命的大发动，反帝国主义和反封建主义的革命彻底性，由民主革命转变到社会主义革命的可能性，等等。所有这些，都是在资产阶级领导革命时期不可能出现的。"① 这里毛泽东提出了中国资产阶级革命可划分为两大历史阶段的观点，阐述了新民主主义理论的一些基本思想。

再如，在阐述矛盾的主要方面和非主要方面及其相互转化原理时，毛泽东举例说："有人觉得有些矛盾并不是这样。例如，生产力和生产关系的矛盾，生产力是主要的；理论和实践的矛盾，实践是主要的；经济基础和上层建筑的矛盾，经济基础是

---

① 《毛泽东选集》第1卷，人民出版社1991年版，第314—315页。

主要的：它们的地位并不互相转化。这是机械唯物论的见解，不是辩证唯物论的见解。诚然，生产力、实践、经济基础，一般地表现为主要的决定的作用，谁不承认这一点，谁就不是唯物论者。然而，生产关系、理论、上层建筑这些方面，在一定条件之下，又转过来表现其为主要的决定的作用，这也是必须承认的。……我们这样说，是否违反了唯物论呢？没有。因为我们承认总的历史发展中是物质的东西决定精神的东西，是社会的存在决定社会的意识；但是同时又承认而且必须承认精神的东西的反作用，社会意识对于社会存在的反作用，上层建筑对于经济基础的反作用。这不是违反唯物论，正是避免了机械唯物论，坚持了辩证唯物论。"[①]这里毛泽东不仅说明了矛盾的主要方面和非主要方面在一定条件下可以相互转化，而且深刻论述了唯物史观关于生产力与生产关系、经济基础与上层建筑之间的辩证关系。

## 三、《矛盾论》的理论特征

《矛盾论》的理论结构是其思想内容的组织形式和表达形式，具有世界观与方法论、辩证法与认识论、理论与实践高度统一的理论特征。

---

[①]《毛泽东选集》第1卷，人民出版社1991年版，第325—326页。

## 1. 世界观和方法论的高度统一

《矛盾论》深刻阐明了对立统一规律是唯物辩证法最根本的法则，是自然、社会和思维的根本法则，说明了人们认识世界和改造世界的根本方法，体现了世界观和方法论的内在联系和有机统一。所谓认识世界，就是运用对立统一的观点和方法认识事物的矛盾运动及其特殊性；所谓改造世界，就是运用不同的方法解决不同性质的矛盾。《矛盾论》的体系和结构反映了人们认识矛盾、解决矛盾的客观过程，它鲜明地体现了世界观和方法论、辩证法和认识论的一致性。《矛盾论》的理论结构和阐述结构也是其思想内容的表现形式。如果说《矛盾论》的总体理论结构呈现为以对立统一规律为核心，以矛盾的普遍性与特殊性、矛盾的同一性与斗争性为两翼的 "一体两翼" 的思想结构，以 "主要矛盾和矛盾的主要方面的转化" 为中介从 "矛盾的普遍性和特殊性" 转入 "矛盾的同一性和斗争性" 的思想过渡结构和 "花开两朵、各表一枝" 的文本结构，那么，其每一部分则大体呈现为 "原理阐述、例证分析、方法论要求" 的 "三部曲"。如果说《矛盾论》的总体结构呈现出世界观与方法论高度统一的思想图景，那么，其各个部分的结构则呈现出以例证分析为中心将原理与方法融为一体的世界观和方法论的具体的历史的统一。例如，在第一部分 "两种宇宙观" 中，在说明两种宇宙观的根本区别和例证分析之后，毛泽东最后强调："这个辩证法的宇宙观，主要地就是教导人们要善于去观

## 第三章 《矛盾论》的结构分析

察和分析各种事物的矛盾的运动,并根据这种分析,指出解决矛盾的方法。"①在第二部分"矛盾的普遍性"中,在说明矛盾的普遍性和例证分析之后,毛泽东强调:"中国共产党人必须学会这个方法,才能正确地分析中国革命的历史和现状,并推断革命的将来"②。在第三部分"矛盾的特殊性"中,毛泽东则强调:"斯大林的这种分析,给我们提供了认识矛盾的特殊性和普遍性及其互相联结的模范"③。在第四部分"主要的矛盾和主要的矛盾方面"中,在原理阐述和例证分析之后,毛泽东强调:"对于矛盾的各种不平衡情况的研究,对于主要的矛盾和非主要的矛盾、主要的矛盾方面和非主要的矛盾方面的研究,成为革命政党正确地决定其政治上和军事上的战略战术方针的重要方法之一,是一切共产党人都应当注意的"④。在第六部分"对抗在矛盾中的地位"中,在原理阐述和例证分析之后,毛泽东强调:"对抗只是矛盾斗争的一种形式,而不是它的一切形式,不能到处套用这个公式"⑤。只有第五部分"矛盾诸方面的同一性和斗争性",毛泽东没有专门强调其方法论要求。

---

① 《毛泽东选集》第 1 卷,人民出版社 1991 年版,第 304 页。
② 《毛泽东选集》第 1 卷,人民出版社 1991 年版,第 308 页。
③ 《毛泽东选集》第 1 卷,人民出版社 1991 年版,第 319 页。
④ 《毛泽东选集》第 1 卷,人民出版社 1991 年版,第 326—327 页。
⑤ 《毛泽东选集》第 1 卷,人民出版社 1991 年版,第 336 页。

### 2. 辩证法与认识论的高度统一

《矛盾论》不仅深刻阐述了以对立统一规律为核心的唯物辩证法，而且阐述了把握事物矛盾运动的认识论，将客观辩证法与主观辩证法统一起来，强调事物的矛盾运动是概念的矛盾运动的基础，概念的矛盾运动反映了事物的矛盾运动，人们的思想发展过程同样是一个矛盾运动过程。只要认真研读《矛盾论》这部哲学著作，我们就会发现，它讲的是如何用矛盾的观点观察事物、分析问题的辩证法，讲的是克服唯心主义的先验论和旧唯物主义的直观反映论的辩证法，讲的是认识的能动反映的辩证法，讲的是以实践论为基础并以实践活动为内容的辩证法。如何"分析"矛盾，怎样"研究"问题，这是《矛盾论》的出发点，也是《矛盾论》的聚焦点。《矛盾论》的辩证法，是在"认识论"意义上讲"辩证法"，是以"实践论"为根基讲述"辩证法"的。《矛盾论》从头到尾，贯穿始终的是如何"认识"和"研究"矛盾，怎样"对待"和"解决"矛盾，也就是在"认识论"的意义上讲述"辩证法"。《矛盾论》是认识论的辩证法，是实践智慧的辩证法。

### 3. 理论与实践的高度统一

理论密切联系实际、理论与实践相结合是《矛盾论》的鲜明特点，也是毛泽东的自觉追求。毛泽东说："写《实践论》、《矛盾论》，是为了给抗大讲课。……课不能照书本去讲。那样

## 第三章 《矛盾论》的结构分析

讲，听的人要打瞌睡。自己做准备，结合实际讲，总结革命经验，听的人就有劲头了。"①《矛盾论》既以其哲学思想深刻总结中国革命的历史经验，又处处以中国革命经验生动说明和验证其哲学思想，将哲学思想阐述与革命事件分析有机地结合起来。可以说，《矛盾论》的理论结构本身就是理论与实践相结合的产物，体现了运用唯物辩证法的宇宙观和方法论认识与解决中国革命实际问题的根本要求，体现了批判和反对教条主义的理论宗旨。《矛盾论》以"正确地分析中国革命的历史和现状，并推断革命的将来"②为宗旨，既把中国革命历史经验提升到理论高度，又以新的理论分析和把握中国革命的现状与前途。《矛盾论》看起来是一篇哲学论文，但实际关注的对象始终是中国革命实践，层层递进，以理论辨析始，以指导实践终。以矛盾的观点来看，中国历史是一个新旧更替、择善而从的动态过程，为共产党领导中国进入一个崭新阶段提供了可能。如果说"矛盾的普遍性"为中国共产党领导人民建立中华人民共和国提供了可能，那么"矛盾的特殊性"则为中国共产党解决实际问题提供了策略。矛盾的转化观点进一步为中国共产党领导中国进入新的历史阶段做好了理论铺垫。矛盾论斗争性的提出旨在说明，中国共产党对外要不断革命、不断反思、不断运动，对内要改造思想，避免由非对抗性矛盾转为对抗性矛盾。

---

① 中共中央文献研究室、中国人民解放军军事科学编：《建国以来毛泽东军事文稿》下卷，中央文献出版社 2010 年版，第 114 页。

②《毛泽东选集》第 1 卷，人民出版社 1991 年版，第 308 页。

# 第四章 两种宇宙观

《矛盾论》第一部分的标题为"两种宇宙观",共有2700余字,分为6个自然段,从根本观点、产生根源和社会功能等方面简要分析与说明了两种宇宙观即形而上学宇宙观和唯物辩证法宇宙观的根本对立,不仅揭露了形而上学宇宙观的主要错误和维护阶级统治的社会功能,还阐明了唯物辩证法宇宙观的根本观点和方法论意义。

## 一、两种宇宙观的根本对立

在《矛盾论》的第一部分,毛泽东开宗明义地指出:"在人类的认识史中,从来就有关于宇宙发展法则的两种见解,一种是形而上学的见解,一种是辩证法的见解,形成了互相对立的两种宇宙观。列宁说:'对于发展(进化)所持的两种基本的(或两种可能的?或两种在历史上常见的?)观点是:(一)认为发展是减少和增加,是重复;(二)认为发展是对立的统一(统一物分成为两个互相排斥的对立,而两个对立又互相关联着)。'

## 第四章 两种宇宙观

列宁说的就是这两种不同的宇宙观。"①围绕两种宇宙观的根本对立的观点,毛泽东一方面简要分析和说明了形而上学宇宙观的产生发展、根本观点、主要错误与社会功能等基本问题,大致勾勒出了这种宇宙观的总体轮廓;另一方面以形而上学宇宙观为理论参照和批判对象,简要阐述了辩证法宇宙观的产生发展、根本观点、科学性与社会功能等基本问题。简要地说,两种宇宙观的根本对立主要表现为历史性对立、思想性对立和功能性对立。

### 1. 两种宇宙观的历史性对立

作为人们关于宇宙法则的总体理解,形而上学宇宙观和辩证法宇宙观都经历了一个变化发展的历史过程。两者的对立同样经历了一个变化发展的历史过程,是一种历史性对立。虽然形而上学宇宙观否认事物的变化,特别是否认事物的质变,但它本身同样经历了一个变化发展的历史过程。在很长一段时间内,形而上学宇宙观主要是唯心论的宇宙观,17世纪以后欧洲才出现了属于唯物论的形而上学宇宙观,其主要表现形式就是机械唯物论和庸俗进化论。可以说,形而上学宇宙观经历了一个从唯心论到唯物论的历史转变。毛泽东在两处专门论述了形而上学宇宙观的历史发展。"形而上学,亦称玄学。这种思想,无论在中国,在欧洲,在一个很长的历史时间内,是属于唯心论的宇宙观,并在人们的思想中占了统治的地位。在欧洲,资

---

① 《毛泽东选集》第1卷,人民出版社1991年版,第300页。

产阶级初期的唯物论,也是形而上学的。"① "这种思想,在欧洲,在十七世纪和十八世纪是机械唯物论,在十九世纪末和二十世纪初则有庸俗进化论。在中国,则有所谓'天不变,道亦不变'的形而上学的思想,曾经长期地为腐朽了的封建统治阶级所拥护。近百年来输入了欧洲的机械唯物论和庸俗进化论,则为资产阶级所拥护。"②毛泽东用中国传统哲学命题"天不变,道亦不变"来概括和说明形而上学宇宙观的思想实质,并且强调中国"近百年来输入了欧洲的机械唯物论和庸俗进化论"③,阐述了形而上学宇宙观在中国的历史发展过程。

辩证法宇宙观同样经历了一个历史发展过程,大致包括古代朴素辩证法、近代唯心辩证法和唯物辩证法三个历史阶段。毛泽东说:"辩证法的宇宙观,不论在中国,在欧洲,在古代就产生了。但是古代的辩证法带着自发的朴素的性质,根据当时的社会历史条件,还不可能有完备的理论,因而不能完全解释宇宙,后来就被形而上学所代替。生活在十八世纪末和十九世纪初期的德国著名哲学家黑格尔,对于辩证法曾经给了很重要的贡献,但是他的辩证法却是唯心的辩证法。直到无产阶级运动的伟大的活动家马克思和恩格斯综合了人类认识史的积极的成果,特别是批判地吸取了黑格尔的辩证法的合理的部分,创造了辩证唯物论和历史唯物论这个伟大的理论,才在人类认识

---

① 《毛泽东选集》第 1 卷,人民出版社 1991 年版,第 300 页。
② 《毛泽东选集》第 1 卷,人民出版社 1991 年版,第 301 页。
③ 《毛泽东选集》第 1 卷,人民出版社 1991 年版,第 301 页。

## 第四章 两种宇宙观

史上起了一个空前的大革命。后来,经过列宁和斯大林,又发展了这个伟大的理论。这个理论一经传到中国来,就在中国思想界引起了极大的变化。"①这里毛泽东简要阐述了辩证法宇宙观的发展过程,以及辩证法宇宙观与形而上学宇宙观的历史更替及其主要原因,展示了两种宇宙观对立的历史性。古代朴素辩证法受当时社会历史条件的限制而不可能形成完备的理论,不能完全解释宇宙,因此后来被形而上学宇宙观所取代。形而上学宇宙观同样不能完全解释宇宙,后来被唯心辩证法所取代。唯心辩证法同样不能完全解释宇宙,后来被唯物辩证法所取代。唯物辩证法的产生不是偶然的,而是人类社会发展的结果。"由于欧洲许多国家的社会经济情况进到了资本主义高度发展的阶段,生产力、阶级斗争和科学均发展到了历史上未有过的水平,工业无产阶级成为历史发展的最伟大的动力,因而产生了马克思主义的唯物辩证法的宇宙观。"②毛泽东的上述分析和说明充分体现了唯物史观关于社会存在决定社会意识的基本原理。

### 2. 两种宇宙观的思想性对立

我们不仅要认识和把握形而上学宇宙观与辩证法宇宙观的历史性对立,更要认识和把握其思想性对立。尽管形而上学宇宙观与辩证法宇宙观都经历了一个变化发展的历史过程,但

---

① 《毛泽东选集》第 1 卷,人民出版社 1991 年版,第 303—304 页。
② 《毛泽东选集》第 1 卷,人民出版社 1991 年版,第 300 页。

## 《矛盾论》精学导读

"万变不离其宗",我们必须把握两者的基本观点,才能把握两者的思想性对立。那么,形而上学宇宙观的基本观点是什么呢?毛泽东说:"所谓形而上学的或庸俗进化论的宇宙观,就是用孤立的、静止的和片面的观点去看世界。这种宇宙观把世界一切事物,一切事物的形态和种类,都看成是永远彼此孤立和永远不变化的。如果说有变化,也只是数量的增减和场所的变更。而这种增减和变更的原因,不在事物的内部而在事物的外部,即是由于外力的推动。"①毛泽东把形而上学宇宙观的基本观点概括为"孤立的、静止的和片面的观点"和"外因论"或"被动论"。与形而上学宇宙观相反,唯物辩证法宇宙观则是用联系的、发展的和全面的观点看待世界,特别强调要用矛盾的观点看待世界,因为矛盾既是事物联系的根本内容,又是事物发展变化的根本动力。是否承认矛盾是两者根本对立的焦点。"唯物辩证法的宇宙观主张从事物的内部、从一事物对他事物的关系去研究事物的发展,即把事物的发展看做是事物内部的必然的自己的运动,而每一事物的运动都和它的周围其他事物互相联系着和互相影响着。事物发展的根本原因,不是在事物的外部而是在事物的内部,在于事物内部的矛盾性。任何事物内部都有这种矛盾性,因此引起了事物的运动和发展。事物内部的这种矛盾性是事物发展的根本原因,一事物和他事物的互相联系和互相影响则是事物发展的第二位的原因。这样,唯物辩证

---

① 《毛泽东选集》第 1 卷,人民出版社 1991 年版,第 300 页。

## 第四章 两种宇宙观

法就有力地反对了形而上学的机械唯物论和庸俗进化论的外因论或被动论。"①

形而上学宇宙观的主要错误在于：一是否认事物的质变而只承认事物的量变即数量的增减和场所的变更；二是从事物外部去寻找事物发展变化的原因，不能解释事物的质的多样性，不能解释一种质变为他种质的现象。如果说形而上学宇宙观不能解释事物的质的多样性，不能解释一种质变为他种质的现象，那么，唯物辩证法宇宙观则能够深刻说明事物的变化及其多样性，阐明变与不变的关系。比如，形而上学宇宙观试图用地理环境说明社会的变化，但问题是"许多国家在差不多一样的地理和气候的条件下，它们发展的差异性和不平衡性，非常之大。同一个国家吧，在地理和气候并没有变化的情形下，社会的变化却是很大的。帝国主义的俄国变为社会主义的苏联，封建的闭关锁国的日本变为帝国主义的日本，这些国家的地理和气候并没有变化"②。显然，仅仅用事物外部的原因来说明事物的变化是说不通的。事物是不断变化的，但其变化的方式和速度是不相同的。"整个地球及地球各部分的地理和气候也是变化着的，但以它们的变化和社会的变化相比较，则显得很微小，前者是以若干万年为单位而显现其变化的，后者则在几千年、几百年、几十年、甚至几年或几个月（在革命时期）内就显现其变化了。"③

---

① 《毛泽东选集》第1卷，人民出版社1991年版，第301—302页。
② 《毛泽东选集》第1卷，人民出版社1991年版，第302页。
③ 《毛泽东选集》第1卷，人民出版社1991年版，第302页。

### 3. 两种宇宙观的功能性对立

毛泽东不仅阐明了形而上学宇宙观和辩证法宇宙观之间的历史对立、思想对立，而且简要地指出了两者的功能对立。在阶级社会中，任何宇宙观都是一定阶级的宇宙观，是为一定阶级服务的，任何占统治地位的思想都是统治阶级的思想。形而上学宇宙观的社会政治功能主要是为统治阶级服务的。"形而上学家认为，世界上各种不同事物和事物的特性，从它们一开始存在的时候就是如此。后来的变化，不过是数量上的扩大或缩小。他们认为一种事物永远只能反复地产生为同样的事物，而不能变化为另一种不同的事物。在形而上学家看来，资本主义的剥削，资本主义的竞争，资本主义社会的个人主义思想等，就是在古代的奴隶社会里，甚至在原始社会里，都可以找得出来，而且会要永远不变地存在下去。"①如果说唯心论的形而上学宇宙观主要是为封建统治阶级服务的，那么，唯物论的形而上学宇宙观则主要是为资产阶级统治服务的。"在中国，则有所谓'天不变，道亦不变'的形而上学的思想，曾经长期地为腐朽了的封建统治阶级所拥护。近百年来输入了欧洲的机械唯物论和庸俗进化论，则为资产阶级所拥护。"②

形而上学宇宙观的社会政治功能旨在维护剥削阶级的反动统治，而唯物辩证法宇宙观则旨在推翻反动阶级统治，消灭

---

① 《毛泽东选集》第1卷，人民出版社1991年版，第300—301页。
② 《毛泽东选集》第1卷，人民出版社1991年版，第301页。

## 第四章 两种宇宙观

阶级，实现人类解放。马克思说："辩证法，在其神秘形式上，成了德国的时髦东西，因为它似乎使现存事物显得光彩。辩证法，在其合理形态上，引起资产阶级及其空论主义的代言人的恼怒和恐怖，因为辩证法在对现存事物的肯定的理解中同时包含对现存事物的否定的理解，即对现存事物的必然灭亡的理解；辩证法对每一种既成的形式都是从不断的运动中，因而也是从它的暂时性方面去理解；辩证法不崇拜任何东西，按其本质来说，它是批判的和革命的。"①如果说唯心辩证法以其神秘形式似乎尚能使现存事物显得光彩而掩盖其革命的和批判的思想光芒，那么唯物辩证法则是无产阶级的世界观和方法论，是无产阶级争取自身解放和人类解放服务的思想武器，是要推翻包括资产阶级统治在内的一切剥削阶级的反动统治。

### 二、内因与外因的辩证关系及其方法论

在分析和说明形而上学宇宙观与辩证法宇宙观的根本对立的过程中，毛泽东深刻论述了事物内部矛盾与外部矛盾即内因与外因的辩证关系，揭示了事物发展的根据和条件，突出了上述两种宇宙观根本对立的焦点，并运用这一辩证原理，分析了中国革命的成败问题，凸显了中国革命的自主意识、责任意识和开放意识。

---

① 《马克思恩格斯全集》第 44 卷，人民出版社 2001 年版，第 22 页。

## 1. 内因与外因的辩证关系

针对形而上学宇宙观主张的"外因论""被动论",毛泽东特别强调了唯物辩证法的"内因论""主动论"观点。"按照唯物辩证法的观点,自然界的变化,主要地是由于自然界内部矛盾的发展。社会的变化,主要地是由于社会内部矛盾的发展,即生产力和生产关系的矛盾,阶级之间的矛盾,新旧之间的矛盾,由于这些矛盾的发展,推动了社会的前进,推动了新旧社会的代谢。唯物辩证法是否排除外部的原因呢?并不排除。唯物辩证法认为外因是变化的条件,内因是变化的根据,外因通过内因而起作用。"[①]唯物辩证法认为,事物发展变化实质上是事物自身的矛盾运动过程,其根本原因在于事物内部的矛盾性或内部矛盾,而其外部联系或外部矛盾则是事物发展变化的条件,外因只有通过内因才能起作用。因此,我们既要反对否认事物内部矛盾导致事物发展变化的"外因论""被动论"观点,也要反对忽视外部联系、外部矛盾的"孤立的、片面的、静止的观点"。

## 2. 内因与外因的分析方法

在毛泽东看来,我们理解和掌握唯物辩证法宇宙观不仅在于更好地解释宇宙,更重要的是运用这种宇宙观去改造世界。因此,毛泽东说:"这个辩证法的宇宙观,主要地就是教导人们要善于

---

① 《毛泽东选集》第 1 卷,人民出版社 1991 年版,第 302 页。

## 第四章 两种宇宙观

去观察和分析各种事物的矛盾的运动,并根据这种分析,指出解决矛盾的方法。"①按照内因与外因的辩证关系原理,我们分析和说明事物的发展变化首先必须把握与分析其内部的矛盾运动,从事物内部找事物发展变化的根本原因,抓住事物的内部矛盾来认识事物,然后把握和认识其外部联系与外部矛盾,才能真正认识矛盾、解决矛盾。也就是说,要注意"分内外",首先要向内看,其次向外看,最后把内外结合起来看,只有这样才能认识矛盾、解决矛盾。为此,毛泽东首先举了一个非常浅显常见、通俗易懂的例子:"鸡蛋因得适当的温度而变化为鸡子,但温度不能使石头变为鸡子,因为二者的根据是不同的。"②鸡蛋变为鸡子既有内因,也有外因,两者缺一不可。缺乏外因,鸡蛋不能变为鸡子;缺乏内因,石头不能变为鸡子。只有内外因相结合,外因能够通过内因而起作用,事物才能发生变化。这启发我们分析事物及其变化发展时,一定要分清内因与外因,避免混淆内外;一定要以内因为主、以外因为辅,不能主次不分,更不能颠倒主次;还要不断探索和寻找内因与外因相结合的方式方法,以及外因通过内因起作用的途径等。

### 3. 内因与外因的价值取向

毛泽东关于内因与外因及其辩证关系的阐述,以及运用这

---

① 《毛泽东选集》第 1 卷,人民出版社 1991 年版,第 304 页。
② 《毛泽东选集》第 1 卷,人民出版社 1991 年版,第 302—303 页。

## 《矛盾论》精学导读

一原理分析和说明事物的变化发展，不仅体现了唯物辩证法的宇宙观和方法论的辩证统一，而且蕴含着鲜明的价值取向。我们既要掌握和运用唯物辩证法宇宙观来分析矛盾、解决矛盾，同时要指向分析矛盾和解决矛盾的主体。或者说，对对象的内因与外因及其辩证关系的客观分析必然转向对主体的自我分析、自我认识，并由此导出分析主体的自主意识、责任意识和开放意识。毛泽东的下列论述就蕴含着上述主体意识。毛泽东说："各国人民之间的互相影响是时常存在的。在资本主义时代，特别是在帝国主义和无产阶级革命的时代，各国在政治上、经济上和文化上的互相影响和互相激动，是极其巨大的。十月社会主义革命不只是开创了俄国历史的新纪元，而且开创了世界历史的新纪元，影响到世界各国内部的变化，同样地而且还特别深刻地影响到中国内部的变化，但是这种变化是通过了各国内部和中国内部自己的规律性而起的。两军相争，一胜一败，所以胜败，皆决于内因。胜者或因其强，或因其指挥无误，败者或因其弱，或因其指挥失宜，外因通过内因而引起作用。一九二七年中国大资产阶级战败了无产阶级，是通过中国无产阶级内部的（中国共产党内部的）机会主义而起作用的。当着我们清算了这种机会主义的时候，中国革命就重新发展了。后来，中国革命又受了敌人的严重的打击，是因为我们党内产生了冒险主义。当着我们清算了这种冒险主义的时候，我们的事业就

## 第四章 两种宇宙观

又重新发展了。"①由此看来,尽管同样是运用内因与外因及其辩证关系分析问题,但毛泽东的上述分析无疑比前面那个"鸡蛋变鸡子"的例子具有更为深刻复杂的历史内容、思想内容和政治内容。这里毛泽东不仅论述了俄国十月革命和中国革命的关系,而且分析了中国革命成败的原因,得出了"一个政党要引导革命到胜利,必须依靠自己政治路线的正确和组织上的巩固"②这一思想结论、政治结论,将中国革命的历史责任、政治责任明确指向领导中国革命的政党,体现了毛泽东一贯的政治取向、价值取向,即中国革命要靠中国政党、中国同志,中国革命成败的原因首先要从中国革命、中国革命政党的内部矛盾中去寻找,中国政党和中国同志必须担负起中国革命的历史责任、政治责任,既必须具备求诸自身的独立意识、自主意识,又必须具有争取外援的世界意识、开放意识。

### 三、把握唯物辩证法宇宙观和方法论的重要意义

《矛盾论》之所以首先从宇宙观和方法论高度阐述事物的矛盾法则即对立统一规律,乃是因为毛泽东认为,党内的"左"倾错误和右倾错误、教条主义和经验主义的思想根源就在于其宇宙观和方法论不对头,不懂得、不善于把马克思主义普遍原理

---

① 《毛泽东选集》第1卷,人民出版社1991年版,第303页。
② 《毛泽东选集》第1卷,人民出版社1991年版,第303页。

同中国革命实践相结合,不善于分析中国革命的内因和外因及其关系,不能科学总结中国革命的历史经验,未能正确认识和解决中国革命面临的诸多矛盾,而是不断从一个极端陷入另一个极端,左右摇摆,使中国革命一再遭受严重挫折。正如有学者所说:"毛泽东本人对哲学理论有很深刻的研究和深切的运用。在延安开始总结土地革命时期'左'倾路线错误时,他不是纠缠于一些事件的是是非非,而是告诫人们,犯错误的主要原因不是缺少经验,而是思想方法不对头。为纾解当时许多人在这个问题上的思想疙瘩,他在1937年写了《实践论》和《矛盾论》,一下子牵住了提高认识水平、促进思想转变的'牛鼻子',起到一通百通的作用。"①因此,从世界观和方法论的高度阐述事物的矛盾法则,并运用这一法则科学总结中国革命的历史经验,深刻剖析党内"左"倾错误、右倾错误、教条主义、经验主义的思想根源,从根本上运用马克思列宁主义的科学世界观和方法论武装全党,从而教导人们在实践中自觉地运用唯物辩证法指导一切工作和活动,就成为全党面临的亟待解决的理论任务和政治任务。

## 1. 党内"左"倾错误与右倾错误的思想根源在于其形而上学的宇宙观和方法论

当时在中国共产党内出现的把马克思主义教条化、把共产

---

① 陈晋:《文章千古事,得失寸心知——怎样看新中国成立后毛泽东对自己著述的评价?》,《中共党史研究》2016年第7期,第91页。

## 第四章 两种宇宙观

国际决议和苏联经验神圣化的错误,其思想根源归根到底在于党的一些主要领导人未能深刻把握唯物辩证法的宇宙观和方法论,未能科学对待马克思主义理论、苏联经验和共产国际决议,未能正确分析和解决中国革命的内外矛盾,而是陷入唯心主义和形而上学的宇宙观与方法论。因此,中国共产党要想克服"左"倾和右倾错误,找到中国革命的正确道路,就不仅要从政治上、军事上分析和批判表现为教条主义的"左"倾与右倾错误,而且必须从世界观和方法论高度揭示其唯心主义和形而上学的思想根源,使全党认识到"左"倾和右倾错误、教条主义、经验主义并不是什么技术性、操作性的或具体的思想、工作方法等方面的错误,而是在世界观和方法论上的根本错误。如果不先从两种宇宙观的根本对立上阐明唯物辩证法的宇宙观和方法论,揭示教条主义错误的思想根源,那就不可能从思想上彻底批判和清算教条主义、克服主观主义,也不可能从根本指导思想上提高全党的马克思列宁主义理论水平,避免重犯同样的错误,使中国革命再次遭受严重挫折。

**2. 唯物辩证法是无产阶级政党制定路线、方针、政策的理论基础**

党的一切路线、方针和政策的正确与错误,党的全部工作和实践活动的成功与失败,其思想根源均在于是否坚持唯物辩证法的宇宙观和方法论。如果不从两种宇宙观的根本对立上明确唯物辩证法的社会作用、阶级功能和实践意义,也就不能教育全党自觉地运用这一武器去观察、分析和正确解决中国社会的各种尖锐复杂的矛盾。关于唯物辩证法的这种社会作用、阶级功能和实践意义,关于掌握和运用唯物辩证法的极端重要性与必要性,毛泽东在《矛盾论》中,作了极其深刻而具体的论述,强调只有从宇宙观和方法论高度掌握与运用唯物辩证法,才能正确分析中国革命的内外矛盾,正确制定党的路线、方针、政策、战略和策略。特别重要的是,毛泽东阐述矛盾法则首先强调的是事物自身的本质的矛盾运动,是事物发展的内因与外因及其关系的辩证法,为中国共产党坚持独立自主的原则立场奠定了理论基础。

### 3. 唯物辩证法是反对形而上学的思想武器

在唯物辩证法发展史上,《矛盾论》明确提出辩证法和形而上学是两种根本对立的宇宙观。马克思和恩格斯在关于辩证法与形而上学的对立问题上,主要是批判机械唯物论的孤立、静止、片面看问题的思维方法,指出辩证法与形而上学为"两种思维方法"的对立。列宁结合与庸俗进化论的斗争,深刻地揭示了辩证法与形而上学是两种根本对立的"发展观",并指出这种对立的本质在于:是否承认并坚持对立面统一的原则。《矛盾论》明确肯定辩证法与形而上学是两种对立的宇宙观,这就把辩证法与形而上学提到世界观的高度来认识,从而使世界观

## 第四章 两种宇宙观

和方法论更加紧密地结合起来了。唯物辩证法与形而上学是两种根本对立的宇宙观和方法论。在《矛盾论》中，在与形而上学宇宙观的比较分析中，毛泽东深刻阐述了唯物辩证法宇宙观的主要思想：事物的发展是必然的自己的运动，不需要任何"第一推动力""第一炽热"等超自然的"外因"；事物的发展都是和它周围其他事物互相联系着的，而不是绝对孤立存在的；事物发展的根本原因在于事物内部的矛盾性。内部矛盾是事物发展的根本原因。要消除"左"倾和右倾错误、教条主义、经验主义错误的思想根源，就必须克服形而上学的宇宙观和方法论。要反对形而上学，就必须学习和运用唯物辩证法。习近平同志指出："学习和运用唯物辩证法，就要反对形而上学的思想方法。我们的先人早就认识到了这个问题，很多典故都是批评和讽刺形而上学的，如盲人摸象、郑人买履、坐井观天、掩耳盗铃、揠苗助长、削足适履、画蛇添足，等等。世界上只有形而上学最省力，因为它可以瞎说一气，不需要依据客观实际，也不受客观实际检查。而坚持唯物辩证法，则要求用大气力、下真功夫。我们一方面要加强调查研究，准确把握客观实际，真正掌握规律；另一方面要坚持发展地而不是静止地、全面地而不是片面地、系统地而不是零散地、普遍联系地而不是单一孤立地观察事物，妥善处理各种重大关系。任何主观主义、形式主义、机械主义、教条主义、经验主义的观点都是形而上学的思想方法，在实际工作中不可能有好的效果。"①

综上所述，《矛盾论》关于两种宇宙观的问题主要论述和阐发了如下内容：其一是从根本上揭示在人类的认识史中，从来就存在着辩证法和形而上学这两种不同的宇宙观；阐明了这两种宇宙观的根本对立及各自的发展史和本质特征；指出唯物辩证法的根本观点和本质特征，就是用联系的、发展的和全面的观点去观察事物，而形而上学则是用孤立的、静止的和片面的观点去看世界。其二是指出承认不承认矛盾是事物发展的动力，承认不承认"事物因内部矛盾引起发展"乃是两种宇宙观根本对立的焦点，从而阐明了对立统一规律是唯物辩证法的最根本的规律，深刻而具体地阐发了关于内因和外因的辩证原理，并引出了关于社会发展、革命成败、战争胜负、革命政党的发展等的一系列重要政治结论。其三是从根本上指出唯物辩证法宇宙观对于无产阶级及其政党正确认识世界和改造世界的作用与意义，深刻指出了唯物辩证法宇宙观"主要地就是教导人们要善于去观察和分析各种事物的矛盾的运动，并根据这种分析，指出解决矛盾的方法"②这一根本实质和功能，说明了掌握唯物辩证法的科学宇宙观和方法论对于中国共产党所领导的革命的极端重要性与必要性。

---

① 习近平：《辩证唯物主义是中国共产党人的世界观和方法论》，《求是》2019年第1期，第8页。
②《毛泽东选集》第1卷，人民出版社1991年版，第304页。

# 第五章 矛盾的普遍性与特殊性

矛盾的普遍性与特殊性及其辩证关系是对立统一规律的重要内容。《矛盾论》的第二部分"矛盾的普遍性"和第三部分"矛盾的特殊性"共同论述了这个问题。第一部分约有2300字,第二部分约有7400字,两部分加在一起约有9700字,约占全文篇幅的42%,由此可见这个问题在《矛盾论》中的分量。这两部分不仅系统阐述了矛盾的普遍性与特殊性的内涵及其辩证关系,而且深刻揭示了人们认识矛盾的普遍性与特殊性的基本途径,以及把握矛盾的普遍性与特殊性及其辩证关系的重要意义。

## 一、矛盾的普遍性与特殊性及其辩证关系

毛泽东认为,为了叙述的便利,先说矛盾的普遍性,再说矛盾的特殊性。"这是因为马克思主义的伟大的创造者和继承者马克思、恩格斯、列宁、斯大林他们发现了唯物辩证法的宇宙观,已经把唯物辩证法应用在人类历史的分析和自然历史的分析的许多方面,应用在社会的变革和自然的变革(例如在苏联)的许多方面,获得了极其伟大的成功,矛盾的普遍性已经被很

《矛盾论》精学导读

多人所承认,因此,关于这个问题只需要很少的话就可以说明白;而关于矛盾的特殊性的问题,则还有很多的同志,特别是教条主义者,弄不清楚。他们不了解矛盾的普遍性即寓于矛盾的特殊性之中。……他们也不了解研究当前具体事物的矛盾的特殊性,对于我们指导革命实践的发展有何等重要的意义。因此,关于矛盾的特殊性的问题应当着重地加以研究,并用足够的篇幅加以说明。为了这个缘故,当着我们分析事物矛盾的法则的时候,我们就先来分析矛盾的普遍性的问题,然后再着重地分析矛盾的特殊性的问题,最后仍归到矛盾的普遍性的问题。"①按照毛泽东上述的想法和思路,《矛盾论》关于矛盾的普遍性问题着墨不多,而关于矛盾的特殊性则不惜篇幅地加以重点论述。

### 1. 矛盾的普遍性的基本内涵

毛泽东认为,矛盾的普遍性包含两个层面的内涵。"矛盾的普遍性或绝对性这个问题有两方面的意义。其一是说,矛盾存在于一切事物的发展过程中;其二是说,每一事物的发展过程中存在着自始至终的矛盾运动。"②然后,毛泽东分别阐述了矛盾的普遍性的两层内涵。

矛盾的普遍性的第一层含义,是指矛盾存在于一切事物的

---

① 《毛泽东选集》第 1 卷,人民出版社 1991 年版,第 304—305 页。
② 《毛泽东选集》第 1 卷,人民出版社 1991 年版,第 305 页。

## 第五章 矛盾的普遍性与特殊性

发展过程中,或者说,事事有矛盾,处处有矛盾,世界就是矛盾。"一切事物中包含的矛盾方面的相互依赖和相互斗争,决定一切事物的生命,推动一切事物的发展。没有什么事物是不包含矛盾的,没有矛盾就没有世界。"①无论是简单事物还是复杂事物都包含矛盾。"矛盾是简单的运动形式(例如机械性的运动)的基础,更是复杂的运动形式的基础。"②然后,毛泽东引用恩格斯和列宁列举的一系列例证,再加上自己提出的例证,生动地说明了矛盾的普遍性。恩格斯说,简单地机械地移动本身包含着矛盾、生命本身包含着矛盾、人的思维包含着矛盾等;列宁说,数学包含正和负、微分和积分之间的矛盾,力学包含作用和反作用之间的矛盾,物理学包含阳电和阴电之间的矛盾,化学包含原子的化合和分解之间的矛盾,社会科学包含阶级斗争。毛泽东自己提出的例证有三个。其中,第一个是战争包含着矛盾。"战争中的攻守,进退,胜败,都是矛盾着的现象。失去一方,他方就不存在。双方斗争而又联结,组成了战争的总体,推动了战争的发展,解决了战争的问题。"③第二个是概念包含着矛盾。"人的概念的每一差异,都应把它看作是客观矛盾的反映。客观矛盾反映入主观的思想,组成了概念的矛盾运动,推动了思想的发展,不断地解决了人们的思想问题。"④第三个

---

① 《毛泽东选集》第 1 卷,人民出版社 1991 年版,第 305 页。
② 《毛泽东选集》第 1 卷,人民出版社 1991 年版,第 305 页。
③ 《毛泽东选集》第 1 卷,人民出版社 1991 年版,第 306 页。
④ 《毛泽东选集》第 1 卷,人民出版社 1991 年版,第 306 页。

是党内矛盾。"党内不同思想的对立和斗争是经常发生的,这是社会的阶级矛盾和新旧事物的矛盾在党内的反映。党内如果没有矛盾和解决矛盾的思想斗争,党的生命也就停止了。"①最后,毛泽东总结说:"不论是简单的运动形式,或复杂的运动形式,不论是客观现象,或思想现象,矛盾是普遍地存在着,矛盾存在于一切过程中,这一点已经弄清楚了。"②这就是矛盾的普遍性的第一层含义。

矛盾的普遍性的第二层含义,是指每一事物的发展过程中存在着自始至终的矛盾运动,或者说,时时有矛盾,不存在没有矛盾的时刻。毛泽东阐述这个问题时主要针对苏联德波林学派提出的"差异不是矛盾"观点而展开。"德波林学派有这样一种见解,他们认为矛盾不是一开始就在过程中出现,须待过程发展到一定的阶段才出现。那末,在那一时间以前,过程发展的原因不是由于内部的原因,而是由于外部的原因了。这样,德波林回到形而上学的外因论和机械论去了。"③毛泽东分析说,如果不承认差异就是矛盾,如果不承认事物一开始就存在矛盾,那么必然要把事物发展的根本原因归结为外部,因而就回到形而上学的外因论和机械论了;实际上,差异就是矛盾,只是没有激化而已。德波林学派之所以会犯这样的错误,就在于"他们不知道世界上的每一差异中就已经包含着矛盾,差异就是矛盾",把"矛盾的差别

---

① 《毛泽东选集》第 1 卷,人民出版社 1991 年版,第 306 页。
② 《毛泽东选集》第 1 卷,人民出版社 1991 年版,第 306 页。
③ 《毛泽东选集》第 1 卷,人民出版社 1991 年版,第 306—307 页。

## 第五章 矛盾的普遍性与特殊性

性问题"和"矛盾的有无问题"混为一谈了。最后,毛泽东总结说,每一事物都是一部矛盾发展史。"矛盾是普遍的、绝对的,存在于事物发展的一切过程中,又贯串于一切过程的始终。"①"新过程的发生是什么呢?这是旧的统一和组成此统一的对立成分让位于新的统一和组成此统一的对立成分,于是新过程就代替旧过程而发生。旧过程完结了,新过程发生了。新过程又包含着新矛盾,开始它自己的矛盾发展史。"②

### 2. 矛盾的特殊性的基本内涵

《矛盾论》的第三部分是"矛盾的特殊性",有7400余字,约占全文篇幅的1/3,可谓《矛盾论》的重中之重。《矛盾论》的一个重大贡献就是建构了分析矛盾特殊性的理论框架。毛泽东说:"不论研究何种矛盾的特性——各个物质运动形式的矛盾,各个运动形式在各个发展过程中的矛盾,各个发展过程的矛盾的各方面,各个发展过程在其各个发展阶段上的矛盾以及各个发展阶段上的矛盾的各方面,研究所有这些矛盾的特性,都不能带主观随意性,必须对它们实行具体的分析。离开具体的分析,就不能认识任何矛盾的特性。"③这一分析框架呈现出从宏观到微观、从抽象到具体、从横向分析到纵向分析的基本

---

①《毛泽东选集》第1卷,人民出版社1991年版,第307页。
②《毛泽东选集》第1卷,人民出版社1991年版,第307页。
③《毛泽东选集》第1卷,人民出版社1991年版,第317页。

思路，集中反映了矛盾特殊性的分析必须最终落实到具体问题具体分析的思想上。

第一，各种物质运动形式中的矛盾特殊性。运动是物质的根本属性。人们认识物质就是认识物质的运动形式。迄今为止，人类发现了物质运动的五种形式，即机械运动、物理运动、化学运动、生物运动、社会运动。任何运动形式在其内部都包含着本身特殊的矛盾。这种特殊的矛盾，就构成了一事物区别于他事物的特殊的本质。这就是世界上诸种事物之所以有千差万别的内在原因，或者叫作根据。每一物质的运动形式所具有的特殊的本质，为它自己的特殊的矛盾所规定。这一分析聚焦于物质运动的不同形式，属于横向分析或空间分析、同时性分析。

第二，各种运动形式在各个发展过程中的矛盾特殊性。每一种运动形式都有其发展过程。因此，要认识一种运动形式，不仅要研究每一个大系统的物质运动形式的特殊的矛盾性及其所规定的本质，而且要研究每一种物质运动形式在其发展长途中的每一个过程的特殊的矛盾及其本质。一切运动形式的每一个实在的非臆造的发展过程内，都是不同质的。这一分析聚焦于不同运动形式各有其不同发展过程，属于纵向分析或时间分析、历时性分析。毛泽东强调，不同质的矛盾，只有用不同质的方法才能解决。"例如，无产阶级和资产阶级的矛盾，用社会主义革命的方法去解决；人民大众和封建制度的矛盾，用民主革命的方法去解决；殖民地和帝国主义的矛盾，用民族革命战争的方法去解决；在社会主义社会中工人阶级和农民阶级的矛

## 第五章 矛盾的普遍性与特殊性

盾，用农业集体化和农业机械化的方法去解决；共产党内的矛盾，用批评和自我批评的方法去解决；社会和自然的矛盾，用发展生产力的方法去解决。过程变化，旧过程和旧矛盾消灭，新过程和新矛盾发生，解决矛盾的方法也因之而不同。俄国的二月革命和十月革命所解决的矛盾及其所用以解决矛盾的方法是根本上不相同的。用不同的方法去解决不同的矛盾，这是马克思列宁主义者必须严格地遵守的一个原则。"①

第三，各个发展过程的矛盾各方面的特殊性。要把握某一种运动形式的发展过程及其特殊本质，就必须分析其发展过程中的矛盾在其总体上、在其相互联结上的特殊性，就必须分析其发展过程中矛盾各方面的特殊性。这一分析聚焦于事物发展过程所包含的多种矛盾及其特殊性，或者可以说，是对事物发展过程所包含矛盾的横向分析或同时性分析。毛泽东说："一个大的事物，在其发展过程中，包含着许多的矛盾。例如，在中国资产阶级民主革命过程中，有中国社会各被压迫阶级和帝国主义的矛盾，有人民大众和封建制度的矛盾，有无产阶级和资产阶级的矛盾，有农民及城市小资产阶级和资产阶级的矛盾，有各个反动的统治集团之间的矛盾等等，情形是非常复杂的。这些矛盾，不但各各有其特殊性，不能一律看待，而且每一矛盾的两方面，又各各有其特点，也是不能一律看待的。我们从事中国革命的人，不但要在各个矛盾的总体上，即矛盾的相互

---

① 《毛泽东选集》第1卷，人民出版社1991年版，第311页。

联结上,了解其特殊性,而且只有从矛盾的各个方面着手研究,才有可能了解其总体。所谓了解矛盾的各个方面,就是了解它们每一方面各占何等特定的地位,各用何种具体形式和对方发生互相依存又互相矛盾的关系,在互相依存又互相矛盾中,以及依存破裂后,又各用何种具体的方法和对方作斗争。"①这里,"主要矛盾"和"矛盾的主要方面"的概念已呼之欲出了。

第四,各个发展过程在其各个发展阶段上的矛盾特殊性。每一种物质运动形式不仅有其不同的发展过程,而且事物的同一个发展过程有其不同的发展阶段。因此,我们不仅要分析事物的发展过程及其特点,而且要分析事物发展过程的不同阶段及其特点。这一分析聚焦于事物矛盾运动过程的阶段性及其特点,或者说,是对事物发展过程所包含矛盾的纵向分析或历时性分析。与上述同时性分析一起构成对于事物发展过程所包含多种矛盾及其特殊性的完整分析。毛泽东说:"事物发展过程的根本矛盾及为此根本矛盾所规定的过程的本质,非到过程完结之日,是不会消灭的;但是事物发展的长过程中的各个发展的阶段,情形又往往互相区别。这是因为事物发展过程的根本矛盾的性质和过程的本质虽然没有变化,但是根本矛盾在长过程中的各个发展阶段上采取了逐渐激化的形式。并且,被根本矛盾所规定或影响的许多大小矛盾中,有些是激化了,有些是暂时地或局部地解决了,或者缓和了,又有些是发生了,因此,

---

① 《毛泽东选集》第 1 卷,人民出版社 1991 年版,第 311—312 页。

## 第五章 矛盾的普遍性与特殊性

过程就显出阶段性来。如果人们不去注意事物发展过程□的阶段性，人们就不能适当地处理事物的矛盾。"①这里毛泽东提出一个重要概念——"根本矛盾"，认为"根本矛盾"规定事物发展过程的"本质"并与事物发展过程相始终，同时，事物发展过程又呈现出阶段性，实际上为以后提出"主要矛盾"概念奠定了思想基础。为了说明事物发展过程的阶段性及其矛盾的特殊性，毛泽东列举了两个例证。

例证之一，资本主义发展过程的阶段性："例如，自由竞争时代的资本主义发展为帝国主义，这时，无产阶级和资产阶级这两个根本矛盾着的阶级的性质和这个社会的资本主义的本质，并没有变化；但是，两阶级的矛盾激化了，独占资本和自由资本之间的矛盾发生了，宗主国和殖民地的矛盾激化了，各资本主义国家间的矛盾即由各国发展不平衡的状态而引起的矛盾特别尖锐地表现出来了，因此形成了资本主义的特殊阶段，形成了帝国主义阶段。列宁主义之所以成为帝国主义和无产阶级革命时代的马克思主义，就是因为列宁和斯大林正确地说明了这些矛盾，并正确地作出了解决这些矛盾的无产阶级革命的理论和策略。"②

例证之二，中国资产阶级民主革命过程的阶段性："拿从辛亥革命开始的中国资产阶级民主革命过程的情形来看，也有

---

① 《毛泽东选集》第 1 卷，人民出版社 1991 年版，第 314 页。
② 《毛泽东选集》第 1 卷，人民出版社 1991 年版，第 314 页。

了若干特殊阶段。特别是在资产阶级领导时期的革命和在无产阶级领导时期的革命,区别为两个很大不同的历史阶段。这就是:由于无产阶级的领导,根本地改变了革命的面貌,引出了阶级关系的新调度,农民革命的大发动,反帝国主义和反封建主义的革命彻底性,由民主革命转变到社会主义革命的可能性,等等。所有这些,都是在资产阶级领导革命时期不可能出现的。虽然整个过程中根本矛盾的性质,过程之反帝反封建的民主革命的性质(其反面是半殖民地半封建的性质),并没有变化,但是,在这长时间中,经过了辛亥革命失败和北洋军阀统治,第一次民族统一战线的建立和一九二四年至一九二七年的革命,统一战线破裂和资产阶级转入反革命,新的军阀战争,土地革命战争,第二次民族统一战线建立和抗日战争等等大事变,二十多年间经过了几个发展阶段。在这些阶段中,包含着有些矛盾激化了(例如土地革命战争和日本侵入东北四省),有些矛盾部分地或暂时地解决了(例如北洋军阀的被消灭,我们没收了地主的土地),有些矛盾重新发生了(例如新军阀之间的斗争,南方各革命根据地丧失后地主又重新收回土地)等等特殊的情形。"①

第五,各个发展阶段上各个矛盾的各个方面的特殊性。研究事物发展过程中的各个发展阶段上的矛盾的特殊性,不但必须从其联结上、在其总体上去看,而且必须从各个阶段中矛盾的各个方面去看。这一分析聚焦于事物发展过程的不同发展阶

---

①《毛泽东选集》第1卷,人民出版社1991年版,第314—315页。

## 第五章 矛盾的普遍性与特殊性

段各个矛盾的各个方面及其历史变化，将矛盾特殊性分析落实到具体问题具体分析上来。因此，毛泽东用较大篇幅分析和说明了国共两党在"统一战线的建立，统一战线的破裂，再一个统一战线的建立"①三个历史阶段的相互关系、各自特点及其历史变化。

### 3. 矛盾的普遍性和特殊性的辩证关系

在深刻阐述矛盾的普遍性和特殊性的基础上，毛泽东阐明了矛盾的普遍性和特殊性的辩证关系。这一辩证关系既是毛泽东阐述矛盾的普遍性与特殊性的分析框架，也是对矛盾的普遍性与特殊性的理论总结。

第一，矛盾的普遍性与特殊性是相对的。判断一种矛盾是属于矛盾的普遍性还是属于矛盾的特殊性没有固定不变的标准，而是要根据分析的主题和范围而定，也就是说，矛盾的普遍性与特殊性是相对的。例如，资本主义的基本矛盾对所有资本主义社会而言，属于矛盾的普遍性，而对一般阶级社会而言，则又属于矛盾的特殊性。"由于事物范围的极其广大，发展的无限性，所以，在一定场合为普遍性的东西，而在另一一定场合则变为特殊性。反之，在一定场合为特殊性的东西，而在另一一定场合则变为普遍性。资本主义制度所包含的生产社会化和生产资料私人占有制的矛盾，是所有有资本主义的存在和发展

---

① 《毛泽东选集》第1卷，人民出版社1991年版，第316页。

的各国所共有的东西,对于资本主义说来,这是矛盾的普遍性。但是资本主义的这种矛盾,乃是一般阶级社会发展在一定历史阶段上的东西,对于一般阶级社会中的生产力和生产关系的矛盾说来,这是矛盾的特殊性。"①

第二,矛盾的普遍性与特殊性是相互联结的。每一事物都包含矛盾的普遍性和特殊性,既没有只包含矛盾普遍性的事物,也没有只包含矛盾特殊性的事物;现实的矛盾都是普遍性与特殊性的辩证统一,矛盾的普遍性和特殊性是不能分离的。"由于特殊的事物是和普遍的事物联结的,由于每一个事物内部不但包含了矛盾的特殊性,而且包含了矛盾的普遍性,普遍性即存在于特殊性之中,所以,当着我们研究一定事物的时候,就应当去发现这两方面及其互相联结,发现一事物内部的特殊性和普遍性的两方面及其互相联结,发现一事物和它以外的许多事物的互相联结。"②

第三,矛盾的普遍性和特殊性的关系是共性与个性、绝对与相对的关系。矛盾的普遍性是对矛盾特殊性的理论抽象和高度概括,而不是独立自存的"普遍存在"。毛泽东说:"矛盾的普遍性即寓于矛盾的特殊性之中。"③矛盾的普遍性存在于矛盾的特殊性之中,矛盾的特殊性体现了矛盾的普遍性。"其共性是矛盾存在于一切过程中,并贯串于一切过程的始终,矛盾即是

---

① 《毛泽东选集》第 1 卷,人民出版社 1991 年版,第 318 页。
② 《毛泽东选集》第 1 卷,人民出版社 1991 年版,第 318 页。
③ 《毛泽东选集》第 1 卷,人民出版社 1991 年版,第 304 页。

## 第五章 矛盾的普遍性与特殊性

运动,即是事物,即是过程,也即是思想。否认事物的矛盾就是否认了一切。这是共通的道理,古今中外,概莫能外。所以它是共性,是绝对性,然而这种共性,即包含于一切个性之中,无个性即无共性。假如除去一切个性,还有什么共性呢?因为矛盾的各各特殊,所以造成了个性。一切个性都是有条件地暂时地存在的,所以是相对的。"①毛泽东强调:"这一共性个性、绝对相对的道理,是关于事物矛盾的问题的精髓,不懂得它,就等于抛弃了辩证法。"②

## 二、把握矛盾的普遍性与特殊性及其辩证关系的原则和方法

毛泽东不仅阐述了矛盾的普遍性和特殊性及其辩证关系,而且阐述了人们认识矛盾的普遍性和特殊性及其辩证关系的基本原则与正常秩序。

### 1. 必须坚持客观性、全面性和深刻性

认识矛盾的普遍性与特殊性及其辩证关系必须坚持客观性、全面性和深刻性原则,才能发现和把握事物的矛盾运动及其发展规律,找到解决矛盾的正确方法。毛泽东强调:"研究问

---

① 《毛泽东选集》第 1 卷,人民出版社 1991 年版,第 319—320 页。
② 《毛泽东选集》第 1 卷,人民出版社 1991 年版,第 320 页。

题,忌带主观性、片面性和表面性。"①毛泽东解释说:"所谓主观性,就是不知道客观地看问题,也就是不知道用唯物的观点去看问题。"②"所谓片面性,就是不知道全面地看问题。例如:只了解中国一方、不了解日本一方,只了解共产党一方、不了解国民党一方,只了解无产阶级一方、不了解资产阶级一方,只了解农民一方、不了解地主一方,只了解顺利情形一方、不了解困难情形一方,只了解过去一方、不了解将来一方,只了解个体一方、不了解总体一方,只了解缺点一方、不了解成绩一方,只了解原告一方、不了解被告一方,只了解革命的秘密工作一方、不了解革命的公开工作一方,如此等等。一句话,不了解矛盾各方的特点。这就叫做片面地看问题。或者叫做只看见局部,不看见全体,只看见树木,不看见森林。这样,是不能找出解决矛盾的方法的,是不能完成革命任务的,是不能做好所任工作的,是不能正确地发展党内的思想斗争的。"③"表面性,是对矛盾总体和矛盾各方的特点都不去看,否认深入事物里面精细地研究矛盾特点的必要,仅仅站在那里远远地望一望,粗枝大叶地看到一点矛盾的形相,就想动手去解决矛盾(答复问题、解决纠纷、处理工作、指挥战争),这样的做法,没有不出乱子的。"④"片面性、表面性也是主观性,因

---

① 《毛泽东选集》第 1 卷,人民出版社 1991 年版,第 312 页。
② 《毛泽东选集》第 1 卷,人民出版社 1991 年版,第 312 页。
③ 《毛泽东选集》第 1 卷,人民出版社 1991 年版,第 312—313 页。
④ 《毛泽东选集》第 1 卷,人民出版社 1991 年版,第 313 页。

## 第五章 矛盾的普遍性与特殊性

为一切客观事物本来是互相联系的和具有内部规律的,人们不去如实地反映这些情况,而只是片面地或表面地去看它们,不认识事物的互相联系,不认识事物的内部规律,所以这种方法是主观主义的。"①

### 2. 从矛盾的特殊性到矛盾的普遍性

矛盾的普遍性不是独立存在的,而是寓于矛盾的特殊性之中的。因此,认识矛盾的普遍性必须从认识矛盾的特殊性开始;离开矛盾的特殊性,就无从认识矛盾的普遍性。因此,毛泽东说:"就人类认识运动的秩序说来,总是由认识个别的和特殊的事物,逐步地扩大到认识一般的事物。人们总是首先认识了许多不同事物的特殊的本质,然后才有可能更进一步地进行概括工作,认识诸种事物的共同的本质。"②马克思对资本主义矛盾的认识就是这样的。"当着马克思把资本主义社会这一切矛盾的特殊性解剖出来之后,同时也就更进一步地、更充分地、更完全地把一般阶级社会中这个生产力和生产关系的矛盾的普遍性阐发出来了。"③就此而言,对矛盾特殊性的认识越深入、越全面,就越能认识矛盾的普遍性。

---

① 《毛泽东选集》第 1 卷,人民出版社 1991 年版,第 312—314 页。
② 《毛泽东选集》第 1 卷,人民出版社 1991 年版,第 309—310 页。
③ 《毛泽东选集》第 1 卷,人民出版社 1991 年版,第 318 页。

### 3. 从矛盾的普遍性到矛盾的特殊性

当人们认识了矛盾的普遍性以后，就能够以对矛盾的普遍性的认识为指导，既可以进一步深入认识矛盾的特殊性，同时可以丰富和深化人们对矛盾的普遍性的认识。"当着人们已经认识了这种共同的本质以后，就以这种共同的认识为指导，继续地向着尚未研究过的或者尚未深入地研究过的各种具体的事物进行研究，找出其特殊的本质，这样才可以补充、丰富和发展这种共同的本质的认识，而使这种共同的本质的认识不致变成枯槁的和僵死的东西。"①只有以对矛盾普遍性的认识为指导，才能更好地认识矛盾的特殊性；只有不断深入认识矛盾的特殊性，才能不断丰富和深化对矛盾普遍性的认识，否则，对矛盾普遍性的认识就会僵化。

### 4. 从矛盾的特殊性到普遍性再到特殊性

分而言之，人类认识矛盾包括两大步骤、两大过程，即从特殊性到普遍性和从普遍性到特殊性。实际上，这两大认识过程、认识步骤是不能截然分开的，而是相互联系、反复循环的。合而言之，人们认识矛盾的总过程是从矛盾的特殊性到普遍性再到特殊性，如此循环往复，才能不断深化和拓展对矛盾的普遍性与特殊性及其辩证关系的认识。"这是两个认识的过程：一

---

① 《毛泽东选集》第 1 卷，人民出版社 1991 年版，第 310 页。

## 第五章 矛盾的普遍性与特殊性

个是由特殊到一般,一个是由一般到特殊。人类的认识总是这样循环往复地进行的,而每一次的循环(只要是严格地按照科学的方法)都可能使人类的认识提高一步,使人类的认识不断地深化。"[1]这与毛泽东在《实践论》阐述的"实践、认识、再实践、再认识"循环往复以至无穷的人类认识规律是完全一致的。

### 5. 研究方法与叙述方法的区分

我们还必须注意到,毛泽东在《矛盾论》中关于矛盾的普遍性与特殊性及其辩证关系的叙述方法和他阐述的关于矛盾的普遍性与特殊性及其辩证关系的认识过程、研究方法正好相反。这里就有个关于叙述方法与研究方法的关系问题。马克思说:"在形式上,叙述方法必须与研究方法不同。研究必须充分地占有材料,分析它的各种发展形式,探寻这些形式的内在联系。只有这项工作完成以后,现实的运动才能适当地叙述出来。这点一旦做到,材料的生命一旦在观念上反映出来,呈现在我们面前的就好像是一个先验的结构了。"[2]毛泽东的叙述方法是先分析矛盾的普遍性再着重分析矛盾的特殊性,最后仍归到矛盾的普遍性。他说自己这样做的理由有两个:一是叙述的便利;二是鉴于矛盾的普遍性已经被很多人所承认。其中,"叙述的便利"这一理由更能说明他为什么先分析矛盾的普遍性而后再分

---

[1]《毛泽东选集》第 1 卷,人民出版社 1991 年版,第 310 页。
[2]《马克思恩格斯全集》第 44 卷,人民出版社 2001 年版,第 21—22 页。

析矛盾的特殊性。因为矛盾的普遍性不是先验的真理,而是研究的结论,叙述方法正好与研究方法相反。第二个理由只能说明关于矛盾的普遍性"只需很少的话就可以说明白"而无关叙述的先后。

## 三、把握矛盾的普遍性与特殊性 及其辩证关系的重大意义

毛泽东深刻阐述了矛盾的普遍性与特殊性及其辩证关系,揭示了人们把握矛盾的普遍性与特殊性及其辩证关系的基本原则和正常秩序,说明了人类认识的根本内容就是认识矛盾的普遍性和特殊性及其辩证关系,认识的根本方法就是矛盾分析方法,提出共性与个性的关系是事物矛盾问题的精髓,并确立了一个系统的矛盾特殊性的分析框架,深刻地阐明和批判了教条主义错误的思想根源,为马克思主义中国化奠定了理论基础。

### 1. 必须确立矛盾观点和矛盾思维

世界充满矛盾,没有矛盾,就没有世界。只有确立矛盾的观点和矛盾思维,善于运用矛盾分析方法,才能认识矛盾、解决矛盾。毛泽东认为,既然事物发展过程存在着自始至终的矛盾运动,事物发展过程本身就是一部矛盾发展史,那么,认识事物就是认识事物自身的矛盾发展史。矛盾分析方法是唯物辩

## 第五章 矛盾的普遍性与特殊性

证法的研究方法和叙述方法。马克思、列宁是运用矛盾分析方法认识人类社会历史,特别是资本主义发展史的典范。"列宁指出马克思在《资本论》中模范地作了这样的分析。这是研究任何事物发展过程所必须应用的方法。列宁自己也正确地应用了它,贯彻于他的全部著作中。"①《资本论》是运用矛盾分析方法分析和阐述资本主义矛盾发展史的范例。"马克思在《资本论》中,首先分析的是资产阶级社会(商品社会)里最简单的、最普通的、最基本的、最常见的、最平常的、碰到亿万次的关系——商品交换。这一分析在这个最简单的现象之中(资产阶级社会的这个'细胞'之中)暴露了现代社会的一切矛盾(以及一切矛盾的胚芽)。往后的叙述又向我们表明了这些矛盾和这个社会各个部分总和的自始至终的发展(增长与运动两者)。"②中国共产党人必须学会运用矛盾分析方法,才能"正确地分析中国革命的历史和现状,并推断革命的将来"③。在毛泽东看来,矛盾分析方法既是认识事物的根本方法,也是推测事物发展趋势的根本方法。中国共产党人必须始终坚持矛盾观点,学会矛盾思维、矛盾分析方法,才能善于认识矛盾、解决矛盾。正如习近平同志所说:"中国人早就知道矛盾的概念,所谓'一阴一阳之谓道'。矛盾是普遍存在的,矛盾是事物联系的实质内容和事物发展的根本动力,人的认识活动和实践活动,

---

① 《毛泽东选集》第 1 卷,人民出版社 1991 年版,第 307 页。
② 《毛泽东选集》第 1 卷,人民出版社 1991 年版,第 307—308 页。
③ 《毛泽东选集》第 1 卷,人民出版社 1991 年版,第 308 页。

从根本上说就是不断认识矛盾、不断解决矛盾的过程。"①

### 2. 马克思主义中国化的哲学基础

《矛盾论》关于矛盾的普遍性与特殊性及其辩证关系原理奠定了马克思主义中国化的哲学基础。马克思主义理论揭示了人类社会发展的普遍规律,为我们认识中国问题和解决中国问题提供了科学的世界观与方法论,但不可能为我们提供现成的答案。因此,我们必须把马克思主义普遍原理同中国实际有机地结合起来,才能正确地认识和解决中国革命、建设与改革面临的问题。离开马克思主义理论的指导,中国革命、建设和改革就会迷失前进方向;脱离中国实际,中国革命、建设和改革就会失去现实根基。毛泽东说:"如果不认识矛盾的普遍性,就无从发现事物运动发展的普遍的原因或普遍的根据;但是,如果不研究矛盾的特殊性,就无从确定一事物不同于他事物的特殊的本质,就无从发现事物运动发展的特殊的原因,或特殊的根据,也就无从辨别事物,无从区分科学研究的领域。"②马克思主义中国化的哲学基础就是"普遍根据"与"特殊根据"的辩证统一。

---

① 习近平:《辩证唯物主义是中国共产党人的世界观和方法论》,《求是》2019年第1期,第6页。

② 《毛泽东选集》第1卷,人民出版社1991年版,第309页。

## 第五章 矛盾的普遍性与特殊性

### 3. 批判教条主义的思想武器

教条主义者之所以屡犯严重错误，就是因为他们既不懂得矛盾的普遍性，又不懂得矛盾的特殊性，更不懂得两者的辩证关系；既不愿，也不会，更不能具体问题具体分析，而只会套用马克思列宁主义的词句，做起文章或演说来难免总是空洞无物的八股调。毛泽东关于矛盾的普遍性与特殊性及其辩证关系的论述集中指向教条主义的错误和危害。《矛盾论》全文一共11次提到"教条主义者"或"教条主义"，而在论述矛盾的普遍性与特殊性问题时，提到"教条主义者"或"教条主义"就有8次，可见中国教条主义者在这个问题上栽的跟头有多大。毛泽东首先批评教条主义者不懂得研究矛盾特殊性的重要性，然后批评他们不懂得研究矛盾的特殊性和普遍性及其辩证关系的方法与步骤。"我们的教条主义者在这个问题上的错误，就是，一方面，不懂得必须研究矛盾的特殊性，认识各别事物的特殊的本质，才有可能充分地认识矛盾的普遍性，充分地认识诸种事物的共同的本质；另一方面，不懂得在我们认识了事物的共同的本质以后，还必须继续研究那些尚未深入地研究过的或者新冒出来的具体的事物。我们的教条主义者是懒汉，他们拒绝对于具体事物做任何艰苦的研究工作，他们把一般真理看成是凭空出现的东西，把它变成为人们所不能够捉摸的纯粹抽象的公式，完全否认了并且颠倒了这个人类认识真理的正常秩序。他们也不懂得人类认识的两个过程的互相联结——由特殊到一般，又由一般到特殊,他们完全不懂得马克思主义的认识论。"①接着,毛泽东批评教条主义者不懂得解决不同的矛盾要采取不同的方法。"用不同的方法去解决不同的矛盾,这是马克思列宁主义者必须严格地遵守的一个原则。教条主义者不遵守这个原则,他们不了解诸种革命情况的区别,因而也不了解应当用不同的方法去解决不同的矛盾,而只是千篇一律地使用一种自以为不可改变的公式到处硬套,这就只能使革命遭受挫折,或者将本来做得好的事情弄得很坏。"②再接着,毛泽东批评教条主义者不懂得具体问题具体分析。"我们的教条主义者违背列宁的指示,从来不用脑筋具体地分析任何事物,做起文章或演说来,总是空洞无物的八股调,在我们党内造成了一种极坏的作风。"③再接着,毛泽东批评教条主义者的思想方法不对头。"中国的教条主义和经验主义的同志们所以犯错误,就是因为他们看事物的方法是主观的、片面的和表面的。"④最后,毛泽东批评了教条主义的研究态度及其严重后果。"我们的教条主义者因为没有这种研究态度,所以弄得一无是处。我们必须以教条主义的失败为鉴戒,学会这种研究态度,舍此没有第二种研究法。"⑤

关于中国教条主义者的思想错误,冯友兰分析说:"他们

---

① 《毛泽东选集》第 1 卷,人民出版社 1991 年版,第 310 页。
② 《毛泽东选集》第 1 卷,人民出版社 1991 年版,第 311 页。
③ 《毛泽东选集》第 1 卷,人民出版社 1991 年版,第 312 页。
④ 《毛泽东选集》第 1 卷,人民出版社 1991 年版,第 313 页。
⑤ 《毛泽东选集》第 1 卷,人民出版社 1991 年版,第 319 页。

## 第五章 矛盾的普遍性与特殊性

对一切事情都照搬苏联的革命经验,完全不知道苏联革命是一个特殊,中国革命又是一个特殊,两个特殊各有自己的特点;在苏联是真理的东西,到中国就成为教条。他们常说,他们是百分之百的布尔什维克,所以绝对正确。其实,如果他们不是百分之百的布尔什维克,那倒有正确的可能;如果他们真是百分之百的布尔什维克,那就非犯错误不可了。毛泽东把马克思主义的普遍真理和中国革命实践相结合,这就是把一般和特殊相结合,以此领导中国革命走向胜利。"①刘少奇分析说,中国教条主义者没有认识到马克思列宁主义产生于欧洲,而中国不同于欧洲,马克思列宁主义经典作家"在他们的著作上说到中国的事情并不多。而中国社会历史发展的具体道路和欧洲各国社会历史发展的道路比,有其更大的特殊性。因此,要使马克思主义中国化,要用马列主义的原理来解释中国社会历史实践,并指导这种实践,就觉得特别困难些"②。正是由于不懂得矛盾的普遍性与特殊性及其辩证关系,这些教条主义者把马克思主义抽象化、公式化了,丢掉了马克思主义的活的灵魂。

---

① 冯友兰:《中国现代哲学史》,生活·读书·新知三联书店2009年版,第143—144页。
② 《刘少奇选集》上卷,人民出版社1981年版,第221—222页。

# 第六章 主要矛盾与矛盾的主要方面

《矛盾论》的第四部分"主要的矛盾和主要的矛盾方面",实际上是对"矛盾的特殊性"的进一步说明,共有4100余字。毛泽东说:"在矛盾特殊性的问题中,还有两种情形必须特别地提出来加以分析,这就是主要的矛盾和主要的矛盾方面。"①如果按照其内容,这一部分本来可以放在第三部分"矛盾的特殊性"中予以阐述,但鉴于其具有特别重要的意义,毛泽东强调,作为矛盾的特殊性的两种情形,主要矛盾和矛盾的主要方面必须特别地提出来加以分析。在这一部分里,毛泽东阐述了主要矛盾和非主要矛盾、矛盾的主要方面和非主要方面及其相互转化的深刻道理,展示了把握主要矛盾和矛盾的主要方面的基本方法与重要意义。

## 一、主要矛盾与矛盾的主要方面的内涵

### 1. 主要矛盾与非主要矛盾

毛泽东认为,简单的事物只包含一种矛盾,复杂的事物则

---

① 《毛泽东选集》第1卷,人民出版社1991年版,第320页。

## 第六章　主要矛盾与矛盾的主要方面

包含一种以上的矛盾。在《矛盾论》的第五部分"矛盾诸方面的同一性和斗争性"中，毛泽东明确说："单纯的过程只有一对矛盾，复杂的过程则有一对以上的矛盾。各对矛盾之间，又互相成为矛盾。"①对于只包含一种矛盾的简单事物或单纯过程而言，自然不存在什么主要矛盾和非主要矛盾之分。对于包含一种以上乃至多种矛盾的复杂事物、复杂过程而言，就必须区分主要矛盾和非主要矛盾，因为这些矛盾在事物存在和发展过程中的地位与作用是不同的，不能同等看待。那么，什么是主要矛盾呢？毛泽东回答说："在复杂的事物的发展过程中，有许多的矛盾存在，其中必有一种是主要的矛盾，由于它的存在和发展规定或影响着其他矛盾的存在和发展。"②所谓主要矛盾就是那种规定或影响着其他矛盾的矛盾，而那些被主要矛盾所规定或影响着的矛盾则是非主要矛盾或次要矛盾。毛泽东举例说："在资本主义社会中，无产阶级和资产阶级这两个矛盾着的力量是主要的矛盾；其他的矛盾力量，例如，残存的封建阶级和资产阶级的矛盾，农民小资产者和资产阶级的矛盾，无产阶级和农民小资产者的矛盾，自由资产阶级和垄断资产阶级的矛盾，资产阶级的民主主义和资产阶级的法西斯主义的矛盾，资本主义国家相互间的矛盾，帝国主义和殖民地的矛盾，以及其他的矛盾，都为这个主要的矛盾力量所规定、所影响。"③不同的事

---

①《毛泽东选集》第 1 卷，人民出版社 1991 年版，第 327 页。
②《毛泽东选集》第 1 卷，人民出版社 1991 年版，第 320 页。
③《毛泽东选集》第 1 卷，人民出版社 1991 年版，第 320 页。

物及其发展过程,其主要矛盾和非主要矛盾的关系是不同的。例如,与资本主义国家相比,半殖民地半封建国家如中国,其主要矛盾和非主要矛盾的关系就会呈现出更为复杂的情况。"当帝国主义向这种国家举行侵略战争的时候,这种国家的内部各阶级,除开一些叛国分子以外,能够暂时地团结起来举行民族战争去反对帝国主义。这时,帝国主义和这种国家之间的矛盾成为主要的矛盾,而这种国家内部各阶级的一切矛盾(包括封建制度和人民大众之间这个主要矛盾在内),便都暂时地降到次要和服从的地位。中国一八四〇年的鸦片战争,一八九四年的中日战争,一九〇〇年的义和团战争和目前的中日战争,都有这种情形。"①

矛盾的特殊性、复杂性不仅在于众多矛盾有主次之分,更在于其主次地位是不断变化的。也就是说,事物的主要矛盾和非主要矛盾都不是固定不变的,而是不断变化的,主要矛盾可以转化为非主要矛盾,非主要矛盾可以转化为主要矛盾。正是主要矛盾的不断变化造成了事物的复杂情况。毛泽东主要以中国近代史为例分析和说明了主要矛盾是如何变化的。当帝国主义国家直接侵略半殖民地半封建国家的时候,其主要矛盾是帝国主义与这些国家之间的民族矛盾,表现为国家之间战争的形式;当帝国主义国家用温和形式压迫这些国家的时候,其主要矛盾就转变为国内的阶级矛盾,表现为国内战争的形式。"当着

---

① 《毛泽东选集》第 1 卷,人民出版社 1991 年版,第 320—321 页。

## 第六章　主要矛盾与矛盾的主要方面

帝国主义不是用战争压迫而是用政治、经济、文化等比较温和的形式进行压迫的时候，半殖民地国家的统治阶级就会向帝国主义投降，二者结成同盟，共同压迫人民大众。这种时候，人民大众往往采取国内战争的形式，去反对帝国主义和封建阶级的同盟，而帝国主义则往往采取间接的方式去援助半殖民地国家的反动派压迫人民，而不采取直接行动，显出了内部矛盾的特别尖锐性。中国的辛亥革命战争，一九二四年至一九二七年的革命战争，一九二七年以后的十年土地革命战争，都有这种情形。还有半殖民地国家各个反动的统治集团之间的内战，例如在中国的军阀战争，也属于这一类。"①更为复杂的是，"当着国内革命战争发展到从根本上威胁帝国主义及其走狗国内反动派的存在的时候，帝国主义就往往采取上述方法以外的方法，企图维持其统治：或者分化革命阵线的内部，或者直接出兵援助国内反动派。这时，外国帝国主义和国内反动派完全公开地站在一个极端，人民大众则站在另一极端，成为一个主要矛盾，而规定或影响其他矛盾的发展状态。十月革命后各资本主义国家援助俄国反动派，是武装干涉的例子。一九二七年的蒋介石的叛变，是分化革命阵线的例子"②。

任何过程如果有两种或多种矛盾存在，其中必定有一种是主要的，起着领导的、决定的作用的矛盾，而其他矛盾则处于

---

① 《毛泽东选集》第 1 卷，人民出版社 1991 年版，第 321 页。
② 《毛泽东选集》第 1 卷，人民出版社 1991 年版，第 321 页。

次要和服从的地位。主要矛盾的不断变化并不能否认主要矛盾的存在，而只是说明矛盾的复杂性。尽管主要矛盾会不断变化，"然而不管怎样，过程发展的各个阶段中，只有一种主要的矛盾起着领导的作用，是完全没有疑义的"①。

### 2. 矛盾的主要方面与非主要方面

在存在多种矛盾的情况下，有主要矛盾和次要矛盾之分；就同一个矛盾而言，其各个方面也有主次之分。主要矛盾也好，次要矛盾也好，其各个方面都有主次之分，都不能同等看待。所谓矛盾的主要方面就是指在矛盾诸方面中占主导地位、起主导作用的方面，而其他方面则被主导方面所支配，成为非主要方面或次要方面。尽管每一个矛盾都有其主要方面和次要方面，我们都需要分清其主次，但最为重要的是着重分析主要矛盾的主要方面。事物的性质主要是由主要矛盾的主要方面所规定的。因此，对矛盾的主要方面的分析一定要与对主要矛盾的分析结合起来。"无论什么矛盾，矛盾的诸方面，其发展是不平衡的。有时候似乎势均力敌，然而这只是暂时的和相对的情形，基本的形态则是不平衡。矛盾着的两方面中，必有一方面是主要的，他方面是次要的。其主要的方面，即所谓矛盾起主导作用的方面。事物的性质，主要地是由取得支配地位的矛盾的主要方面

---

① 《毛泽东选集》第1卷，人民出版社1991年版，第322页。

## 第六章 主要矛盾与矛盾的主要方面

所规定的。"①

同主要矛盾一样,矛盾的主要方面也不是固定不变的,而是不断变化的,正是主要矛盾的主要方面和次要方面的相互转化导致事物的性质发生变化。"矛盾的主要和非主要的方面互相转化着,事物的性质也就随着起变化。在矛盾发展的一定过程或一定阶段上,主要方面属于甲方,非主要方面属于乙方;到了另一发展阶段或另一发展过程时,就互易其位置,这是依靠事物发展中矛盾双方斗争的力量的增减程度来决定的。"②

### 3. 新陈代谢的内在机制

毛泽东把"事物的性质主要地是由取得支配地位的矛盾的主要方面所规定的"③概括为"新陈代谢"并将其提升到"宇宙普遍规律"的高度予以强调:"新陈代谢是宇宙间普遍的永远不可抵抗的规律。依事物本身的性质和条件,经过不同的飞跃形式,一事物转化为他事物,就是新陈代谢的过程。任何事物的内部都有其新旧两个方面的矛盾,形成一系列的曲折的斗争。斗争的结果,新的方面由小变大,上升为支配的东西;旧的方面则由大变小,变成逐步归于灭亡的东西。而一当新的方面对于旧的方面取得支配地位的时候,旧事物的性质就变化为新事

---

① 《毛泽东选集》第 1 卷,人民出版社 1991 年版,第 322 页。
② 《毛泽东选集》第 1 卷,人民出版社 1991 年版,第 322—323 页。
③ 《毛泽东选集》第 1 卷,人民出版社 1991 年版,第 323 页。

物的性质。由此可见,事物的性质主要地是由取得支配地位的矛盾的主要方面所规定的。取得支配地位的矛盾的主要方面起了变化,事物的性质也就随着起变化。"①这里毛泽东把矛盾概括为新旧两方面之间的矛盾,强调新的方面一定会战胜旧的方面而成为主要矛盾的主要方面,揭示了事物新陈代谢的内在机制。为了进一步说明"新陈代谢"这一"宇宙普遍规律",毛泽东不惜篇幅,举了好几个例子加以分析,这里仅列举其中两例。

例证之一,以中国社会的变化为例。"就中国的情形来说,帝国主义处在形成半殖民地这种矛盾的主要地位,压迫中国人民,中国则由独立国变为半殖民地。然而事情必然会变化,在双方斗争的局势中,中国人民在无产阶级领导之下所生长起来的力量必然会把中国由半殖民地变为独立国,而帝国主义则将被打倒,旧中国必然要变为新中国。旧中国变为新中国,还包含着国内旧的封建势力和新的人民势力之间的情况的变化。旧的封建地主阶级将被打倒,由统治者变为被统治者,这个阶级也就会逐步归于消灭。人民则将在无产阶级领导之下,由被统治者变为统治者。这时,中国社会的性质就会起变化,由旧的半殖民地和半封建的社会变为新的民主的社会。"②

例证之二,以近代中国革命为例。"统治中国将近三百年的清朝帝国,曾在辛亥革命时期被打倒;而孙中山领导的革命同盟会,

---

① 《毛泽东选集》第1卷,人民出版社1991年版,第323页。
② 《毛泽东选集》第1卷,人民出版社1991年版,第324页。

## 第六章 主要矛盾与矛盾的主要方面

则曾经一度取得了胜利。在一九二四年至一九二七年的革命战争中，共产党和国民党联合的南方革命势力，曾经由弱小的力量变得强大起来，取得了北伐的胜利；而称雄一时的北洋军阀则被打倒。一九二七年，共产党领导的人民力量，受了国民党反动势力的打击，变得很小了；但因肃清了自己内部的机会主义，就又逐步地壮大起来。在共产党领导的革命根据地内，农民由被统治者转化为统治者，地主则作了相反的转化。世界上总是这样以新的代替旧的，总是这样新陈代谢、除旧布新或推陈出新的。"①

### 二、把握主要矛盾和矛盾的主要方面的方法

《矛盾论》不仅深刻阐述了主要矛盾与非主要矛盾、矛盾的主要方面与非主要方面及其相互转化的思想内涵，而且蕴含着认识和把握主要矛盾与非主要矛盾、矛盾的主要方面与非主要方面及其相互转化的基本方法，特别是蕴含在他对诸多例证的分析和说明之中。择其要者而言，认识和把握主要矛盾与矛盾的主要方面的方法有以下几种。

#### 1. 阶级分析方法

马克思主义认为，在阶级社会中，社会矛盾主要表现为阶级矛盾。阶级分析方法是马克思主义认识和解决社会矛盾的基

---

① 《毛泽东选集》第 1 卷，人民出版社 1991 年版，第 324 页。

## 《矛盾论》精学导读

本方法,也是认识和把握社会主要矛盾与矛盾的主要方面的基本方法。毛泽东关于主要矛盾和矛盾的主要方面的例证分析,大多运用了阶级分析方法。在阶级社会中,存在着大量阶级矛盾。把握和认识阶级社会的主要矛盾与矛盾的主要方面必须运用阶级分析方法。毛泽东说:"在资本主义社会中,无产阶级和资产阶级这两个矛盾着的力量是主要的矛盾;其他的矛盾力量,例如,残存的封建阶级和资产阶级的矛盾,农民小资产者和资产阶级的矛盾,无产阶级和农民小资产者的矛盾,自由资产阶级和垄断资产阶级的矛盾,资产阶级的民主主义和资产阶级的法西斯主义的矛盾,资本主义国家相互间的矛盾,帝国主义和殖民地的矛盾,以及其他的矛盾,都为这个主要的矛盾力量所规定、所影响。"①在毛泽东看来,阶级分析方法实际上是矛盾分析方法在阶级社会中的具体运用。在《矛盾论》的第三部分"矛盾的特殊性"中,毛泽东已经把矛盾分析方法和阶级分析方法结合起来理解与运用了。下面我们来看毛泽东以下两段论述。"当马克思、恩格斯把这事物矛盾的法则应用到社会历史过程的研究的时候,他们看出生产力和生产关系之间的矛盾,看出剥削阶级和被剥削阶级之间的矛盾以及由于这些矛盾所产生的经济基础和政治及思想等上层建筑之间的矛盾,而这些矛盾如何不可避免地会在各种不同的阶级社会中,引出各种不同的社会

---

① 《毛泽东选集》第 1 卷,人民出版社 1991 年版,第 320 页。

## 第六章　主要矛盾与矛盾的主要方面

革命。"① "马克思把这一法则应用到资本主义社会经济结构的研究的时候,他看出这一社会的基本矛盾在于生产的社会性和占有制的私人性之间的矛盾。这个矛盾表现于在各别企业中的生产的有组织性和在全社会中的生产的无组织性之间的矛盾。这个矛盾的阶级表现则是资产阶级和无产阶级之间的矛盾。"② 这里毛泽东强调,马克思、恩格斯正是运用了矛盾分析方法揭示了人类社会的基本矛盾、资本主义社会的基本矛盾,而无产阶级与资产阶级之间的矛盾不过是资本主义社会基本矛盾的阶级表现。矛盾分析方法具体化为阶级矛盾分析方法。

### 2. 历史分析方法

历史分析方法是马克思主义认识问题的基本方法之一,强调一定要把问题放在一定历史条件下进行具体分析而不能脱离具体历史条件进行抽象分析。毛泽东在对主要矛盾和非主要矛盾、矛盾的主要方面和非主要方面及其相互转化的例证说明中,主要运用了历史分析方法。社会主要矛盾的转化是在一定历史条件下发生的。例如,帝国主义发动侵略战争直接导致被侵略国家的社会主要矛盾由阶级矛盾转化为民族矛盾。生产力的历史发展直接导致原来占统治地位的阶级由矛盾的主要方面转化为矛盾的非主要方面。例如,毛泽东分析说:"在资本主义社会

---

① 《毛泽东选集》第 1 卷,人民出版社 1991 年版,第 317—318 页。
② 《毛泽东选集》第 1 卷,人民出版社 1991 年版,第 318 页。

中,资本主义已从旧的封建主义社会时代的附庸地位,转化成了取得支配地位的力量,社会的性质也就由封建主义的变为资本主义的。在新的资本主义社会时代,封建势力则由原来处在支配地位的力量转化为附庸的力量,随着也就逐步地归于消灭了,例如英法诸国就是如此。随着生产力的发展,资产阶级由新的起进步作用的阶级,转化为旧的起反动作用的阶级,以至于最后被无产阶级所推翻,而转化为私有的生产资料被剥夺和失去权力的阶级,这个阶级也就要逐步归于消灭了。人数比资产阶级多得多、并和资产阶级同时生长、但被资产阶级统治着的无产阶级,是一个新的力量,它由初期的附属于资产阶级的地位,逐步地壮大起来,成为独立的和在历史上起主导作用的阶级,以至最后夺取政权成为统治阶级。这时,社会的性质,就由旧的资本主义的社会转化成了新的社会主义的社会。"①

### 3. 主体分析方法

对于矛盾的主要方面与非主要方面相互转化的分析,毛泽东特别突出地运用了主体分析方法,认为矛盾的主要方面和非主要方面的相互转化主要取决于置身矛盾处境、面对矛盾的主体状况。在革命实践中,革命者必须正确发挥主体能动性,积极努力,才能实现矛盾的主要方面的有利转化,否则就会发生不利转化。这种主体分析方法强调事在人为的重要性和主体责

---

① 《毛泽东选集》第 1 卷,人民出版社 1991 年版,第 323 页。

## 第六章 主要矛盾与矛盾的主要方面

任。这就把正确把握矛盾主要方面的认识方法与努力实现矛盾主要方面有利转化的实践方法有机地结合在一起,体现了理论与实践相统一这一马克思主义的方法论原则。"革命斗争中的某些时候,困难条件超过顺利条件,在这种时候,困难是矛盾的主要方面,顺利是其次要方面。然而由于革命党人的努力,能够逐步地克服困难,开展顺利的新局面,困难的局面让位于顺利的局面。一九二七年中国革命失败后的情形,中国红军在长征中的情形,都是如此。现在的中日战争,中国又处在困难地位,但是我们能够改变这种情况,使中日双方的情况发生根本的变化。在相反的情形之下,顺利也能转化为困难,如果是革命党人犯了错误的话。一九二四年至一九二七年的革命的胜利,变为失败了。一九二七年以后在南方各省发展起来的革命根据地,至一九三四年都失败了。"①毛泽东强调,认识和实现主要矛盾、矛盾主要方面的有利转化,都离不开主体的努力。"研究学问的时候,由不知到知的矛盾也是如此。当着我们刚才开始研究马克思主义的时候,对于马克思主义的无知或知之不多的情况,和马克思主义的知识之间,互相矛盾着。然而由于努力学习,可以由无知转化为有知,由知之不多转化为知之甚多,由对于马克思主义的盲目性改变为能够自由运用马克思主义。"②新生力量必须依靠自身的努力,才能成为主要矛盾的主

---

① 《毛泽东选集》第 1 卷,人民出版社 1991 年版,第 324—325 页。
② 《毛泽东选集》第 1 卷,人民出版社 1991 年版,第 325 页。

要方面,实现新陈代谢。

## 三、把握主次矛盾与主次方面的重要意义

毛泽东关于主要矛盾与次要矛盾、矛盾的主要方面与次要方面及其相互转化的系统论述,特别是关于认识和解决问题要抓住主要矛盾及其主要方面的观点,丰富和深化了矛盾的特殊性原理,提出了正确理解马克思主义基本原理的方法论原则,集中反映了中国社会现实和中国革命的复杂性,阐明了"两点论"和"重点论"相统一的理论基础,成为中国共产党人认识和解决问题的重要方法。正如习近平同志所说:"抓住重点带动面上工作,是唯物辩证法的要求,也是我们党在革命、建设、改革进程中一贯倡导和坚持的方法。"①

### 1. 丰富和深化了矛盾的特殊性原理

毛泽东把主要矛盾与次要矛盾、矛盾的主要方面和次要方面作为矛盾特殊性的两种情形专门提出来加以论述,既是对矛盾特殊性的进一步说明,又是对矛盾特殊性原理的理论提升,不仅丰富和深化了矛盾的特殊性原理,而且实现了从理论到方法的转化,阐明了具体问题具体分析这一马克思主义的活的灵魂得以落地生根的出发点、落脚点,点明了促使事物发生变化

---

① 习近平:《习近平谈治国理政》第2卷,外文出版社2017年版,第61页。

## 第六章 主要矛盾与矛盾的主要方面

的突破口或关键环节,避免了矛盾特殊性分析陷入抽象研究的思想迷途。毛泽东说:"在研究矛盾特殊性的问题中,如果不研究过程中主要的矛盾和非主要的矛盾以及矛盾之主要的方面和非主要的方面这两种情形,也就是说不研究这两种矛盾情况的差别性,那就将陷入抽象的研究,不能具体地懂得矛盾的情况,因而也就不能找出解决矛盾的正确的方法。这两种矛盾情况的差别性或特殊性,都是矛盾力量的不平衡性。世界上没有绝对地平衡发展的东西,我们必须反对平衡论,或均衡论。同时,这种具体的矛盾状况,以及矛盾的主要方面和非主要方面在发展过程中的变化,正是表现出新事物代替旧事物的力量。"①因此,如果我们不能把握主要矛盾和非主要矛盾、矛盾的主要方面和非主要方面之间的差别性,不懂得矛盾力量的不平衡性,即使专注于矛盾特殊性分析,懂得各种矛盾及其各方面各有其特点,也难免陷入抽象研究,也不可能找到解决矛盾的正确方法。因为如果我们分不清主次,就难以确定认识和解决问题的先后次序和轻重缓急,就会陷入矛盾特殊性的"万花筒",按下葫芦浮起瓢,无所适从,找不到认识和解决问题的下手处和突破口。如果说矛盾特殊性的一般分析会呈现出一种抽象模式或林林总总的"一团乱麻",那么,对于主要矛盾和矛盾的主要方面的正确把握与主体介入则是突破抽象、"快刀斩乱麻"、解开"死结"的方法之道。

---

① 《毛泽东选集》第 1 卷,人民出版社 1991 年版,第 326 页。

## 2. 提出了正确理解马克思主义基本原理的方法论原则

毛泽东之所以特别重视分析与说明主要矛盾和非主要矛盾、矛盾的主要方面和非主要方面及其相互转化，不仅因为这一问题直接指向新陈代谢的内在机制，以及认识和解决问题的方法论，而且因为这一问题关系到人们理解和运用马克思主义基本原理的方式。长期以来，国内外一些人片面理解马克思主义基本原理，有的人认为马克思主义是一种机械决定论或宿命论，有的人则认为马克思主义是一种唯意志论，彼此争论不休。因此，如何正确理解马克思主义成为中国共产党人必须不断思考的一个重大问题。针对一些人对马克思主义基本原理的片面理解，特别是把马克思主义理解为"经济决定论"的错误观点，毛泽东说："有人觉得有些矛盾并不是这样。例如，生产力和生产关系的矛盾，生产力是主要的；理论和实践的矛盾，实践是主要的；经济基础和上层建筑的矛盾，经济基础是主要的；它们的地位并不互相转化。这是机械唯物论的见解，不是辩证唯物论的见解。诚然，生产力、实践、经济基础，一般地表现为主要的决定的作用，谁不承认这一点，谁就不是唯物论者。然而，生产关系、理论、上层建筑这些方面，在一定条件之下，又转过来表现其为主要的决定的作用，这也是必须承认的。当着不变更生产关系，生产力就不能发展的时候，生产关系的变更就起了主要的决定的作用。当着如同列宁所说'没有革命的理论，就不会有革命的运动'的时候，革命理论的创立和提倡

## 第六章 主要矛盾与矛盾的主要方面

就起了主要的决定的作用。当着某一件事情(任何事情都是一样)要做,但是还没有方针、方法、计划或政策的时候,确定方针、方法、计划或政策,也就是主要的决定的东西。当着政治文化等等上层建筑阻碍着经济基础的发展的时候,对于政治上和文化上的革新就成为主要的决定的东西了。我们这样说,是否违反了唯物论呢?没有。因为我们承认总的历史发展中是物质的东西决定精神的东西,是社会的存在决定社会的意识;但是同时又承认而且必须承认精神的东西的反作用,社会意识对于社会存在的反作用,上层建筑对于经济基础的反作用。这不是违反唯物论,正是避免了机械唯物论,坚持了辩证唯物论。"①这里毛泽东把他关于主要矛盾和矛盾的主要方面的观点运用于对马克思主义理论本身的研究,深化了对马克思主义基本原理的理解,避免了把马克思主义基本原理公式化、教条化、抽象化的错误倾向。按照毛泽东的上述论述,生产力对于生产关系、经济基础对于上层建筑、实践对于理论、物质对于精神、社会存在对于社会意识"一般地表现为主要的决定的作用",其有效范围是"总的历史发展中",而生产关系对于生产力、上层建筑对于经济基础、理论对于实践、精神对于物质、社会意识对于社会存在"起了主要的决定的作用"的有效范围则是"在一定条件下"。这样我们就可以避免把马克思主义错误地理解为"经济决定论"或"唯意志论",把唯物论与辩证法具体的历史

---

① 《毛泽东选集》第 1 卷,人民出版社 1991 年版,第 325—326 页。

的统一起来,这里最难把握的问题就是"一定条件"。在人类社会历史的发展过程中,在纷繁复杂的历史事件中,"一定条件"其实最"不一定"。一旦对"一定条件"的把握有误,我们就会陷入思想误区和实践迷途。

### 3. 集中反映了中国社会现实和革命实践的复杂性

既然复杂事物包含着多种矛盾,并且这些矛盾具有不同的地位和作用,我们就不能把过程中所有的矛盾同等看待,必须把它们区别为主要的和次要的两类,并善于抓住主要矛盾和主要矛盾的主要方面,才能正确地认识和解决问题。因此,毛泽东说:"研究任何过程,如果是存在着两个以上矛盾的复杂过程的话,就要用全力找出它的主要矛盾。捉住了这个主要矛盾,一切问题就迎刃而解了。这是马克思研究资本主义社会告诉我们的方法。列宁和斯大林研究帝国主义和资本主义总危机的时候,列宁和斯大林研究苏联经济的时候,也告诉了这种方法。万千的学问家和实行家,不懂得这种方法,结果如堕烟海,找不到中心,也就找不到解决矛盾的方法。"①如果分不清主次,眉毛胡子一把抓,就不能正确地认识和解决问题。抓住主要矛盾的困难之处,不仅在于要分清主要矛盾和次要矛盾,更在于主要矛盾不是一成不变的,而是不断变化的。我们必须善于根据情况的变化适时把握主要

---

① 《毛泽东选集》第 1 卷,人民出版社 1991 年版,第 322 页。

## 第六章 主要矛盾与矛盾的主要方面

矛盾和主要矛盾的主要方面及其重大变化,正确认识和处理主要矛盾与次要矛盾、矛盾的主要方面与次要方面的关系及其变化。那么,为什么毛泽东如此强调把握主要矛盾和矛盾的主要方面的重要性?这直接与中国社会现实和中国革命的复杂性密切相关。正如美国学者施拉姆分析说:"毛泽东使用这些范畴与他对中国现实的透彻理解直接有关。马克思本人看到的社会,被认为是日益两极化的社会,整个社会划分为无产阶级和资本家两大集团,对于在这种类型的社会里发生的马克思主义革命来说,阶级之间的基本矛盾或生产力与生产关系之间的基本矛盾是清清楚楚的。一般说来,在革命解决这种冲突之前,人们可以指望基本矛盾不会发生很大的变化。而在中国,由于国内形势和与列强的关系都是不稳定的,不可预测的,因此,在一个既定时期内,要确定哪种因素或矛盾是占主导地位的,至关重要的,就不仅仅是个复杂的理论问题,而且是迫在眉睫的策略需要。"①正因为如此,毛泽东强调:"对于矛盾的各种不平衡情况的研究,对于主要的矛盾和非主要的矛盾、主要的矛盾方面和非主要的矛盾方面的研究,成为革命政党正确地决定其政治上和军事上的战略战术方针的重要方法之一,是一切共产党人都应当注意的。"②

---

① 〔美〕斯图尔特·R. 施拉姆:《毛泽东的思想》,田松年、杨德等译,中国人民大学出版社 2005 年版,第 61 页。
② 《毛泽东选集》第 1 卷,人民出版社 1991 年版,第 326—327 页。

## 4. 阐明了"两点论"与"重点论"的理论基础

毛泽东关于主要矛盾与次要矛盾、矛盾的主要方面与非主要方面的方法论思想后来被概括为"两点论"与"重点论"的关系。所谓"两点论"就是我们在认识和解决问题时，既要看到主要矛盾，也要看到次要矛盾；既要看到矛盾的主要方面，也要看到矛盾的次要方面；不能只知其一不知其二、只及一点不及其余，而要全面地分析问题。所谓"重点论"就是我们在认识和解决问题时，必须分清主次，善于抓住主要矛盾和矛盾的主要方面，特别是主要矛盾的主要方面，不能平均用力，而必须把主要矛盾和主要矛盾的主要方面作为重点加以认识和解决，以重点突破带动整体推进。因此，"两点论"是包含"重点"的"两点论"，"重点论"是包含"两点"的"重点论"，我们既要反对同等看待各种矛盾及其各方面的"均衡论"，也要反对"只及一点不及其余"的"一点论"或"片面论"。"两点论"与"重点论"相统一是中国共产党人认识和解决问题的重要方法论原则。习近平同志说："积极面对矛盾、解决矛盾，还要注意把握好主要矛盾和次要矛盾、矛盾的主要方面和次要方面的关系。'秉纲而目自张，执本而末自从。'面对复杂形势和繁重任务，首先要有全局观，对各种矛盾做到心中有数，同时又要优先解决主要矛盾和矛盾的主要方面，以此带动其他矛盾的解决。党的十八大以来，我们提出要协调推进全面建成小康社会、全面深化改革、全面依法治国、全面从严治党。在推进这'四个全

## 第六章 主要矛盾与矛盾的主要方面

面'过程中,我们既要注重总体谋划,又要注重牵住'牛鼻子'。比如,我们既对全面建成小康社会作出全面部署,又强调'小康不小康,关键看老乡';既对全面深化改革作出顶层设计,又强调突出抓好重要领域和关键环节的改革;既对全面推进依法治国作出系统部署,又强调以中国特色社会主义法治体系为总目标和总抓手;既对全面从严治党提出系列要求,又把党风廉政建设作为突破口,着力解决人民群众反映强烈的'四风'问题,着力解决不敢腐、不能腐、不想腐的问题。在任何工作中,我们既要讲两点论,又要讲重点论,没有主次,不加区别,眉毛胡子一把抓,是做不好工作的。"①党的十八大以来,以习近平同志为核心的党中央之所以能够团结带领人民解决了许多长期想解决而没有解决的难题,办成了许多过去想办而没有办成的大事,取得了全方位的、开创性的成就,实现了深层次的根本性的变革,推动中国特色社会主义进入了新时代,从思维方式上说,就在于他们善于把"两点论"与"重点论"结合起来,善于抓住主要矛盾和矛盾的主要方面,善于牵住"牛鼻子",既以重点突破带动整体推进,又在整体推进中实现重点突破。

---

① 习近平:《辩证唯物主义是中国共产党人的世界观和方法论》,《求是》2019年第1期,第7页。

# 第七章 矛盾的同一性与斗争性

《矛盾论》的第五部分是"矛盾诸方面的同一性和斗争性",约有4200字,主要论述了矛盾的同一性和斗争性及其辩证关系问题。《矛盾论》的第六部分是"对抗在矛盾中的地位",约有1300字,专门论述了对抗性矛盾与非对抗性矛盾及其相互转化问题,强调对抗只是矛盾斗争的一种形式而不是一切形式,实际上是对矛盾的斗争性的进一步说明。因此,笔者把这两部分内容放在一起说明。毛泽东关于矛盾的同一性与斗争性及其关系的系统论述阐明了矛盾的基本属性,揭示了事物新陈代谢的动力机制,展示了正确认识矛盾的同一性与斗争性及其辩证关系的方法论原则,为正确认识革命和革命战争的合理性、深刻把握中国共产党领导的抗日民族统一战线既联合又斗争的战略和策略奠定了理论基础,至今仍具有重要意义。

## 一、矛盾的同一性与斗争性及其辩证关系

### 1. 矛盾同一性的基本内涵

一般而言,人们一说起矛盾,就会自然想到冲突、对立、

## 第七章 矛盾的同一性与斗争性

斗争。那么,如何理解矛盾的同一性呢?正是基于这种对矛盾的片面理解,毛泽东首先说明矛盾的同一性。所谓矛盾的同一性就是矛盾双方互相依存、互相贯通、互相转化的性质和趋势,可以用不同的概念来表达。"同一性、统一性、一致性、互相渗透、互相贯通、互相依赖(或依存)、互相联结或互相合作,这些不同的名词都是一个意思。"[①]概而言之,矛盾的同一性包括两层基本内涵:一是事物发展过程中的每一种矛盾的两个方面各以和它对立着的方面为自己存在的前提,双方共处于一个统一体中;二是矛盾着的双方依据一定的条件,各向着其相反的方面转化。

简要地说,矛盾同一性的第一层基本内涵,就是矛盾双方互相依存、共处于一个统一体,回答的是"对立怎样能够是同一的"这一问题。毛泽东说:"原来矛盾着的各方面,不能孤立地存在。假如没有和它作对的矛盾的一方,它自己这一方就失去了存在的条件。试想一切矛盾着的事物或人们心中矛盾着的概念,任何一方面能够独立地存在吗?没有生,死就不见;没有死,生也不见。没有上,无所谓下;没有下,也无所谓上。没有祸,无所谓福;没有福,也无所谓祸。没有顺利,无所谓困难;没有困难,也无所谓顺利。没有地主,就没有佃农;没有佃农,也就没有地主。没有资产阶级,就没有无产阶级;没有无产阶级,也就没有资产阶级。没有帝国主义的民族压迫,

---

① 《毛泽东选集》第1卷,人民出版社1991年版,第327页。

就没有殖民地和半殖民地;没有殖民地和半殖民地,也就没有帝国主义的民族压迫。一切对立的成分都是这样,因一定的条件,一面互相对立,一面又互相联结、互相贯通、互相渗透、互相依赖,这种性质,叫做同一性。一切矛盾着的方面都因一定条件具备着不同一性,所以称为矛盾。然而又具备着同一性,所以互相联结。列宁所谓辩证法研究'对立怎样能够是同一的',就是说的这种情形。怎样能够呢?因为互为存在的条件。这是同一性的第一种意义。"①

简要地说,矛盾同一性的第二层基本内涵,就是矛盾双方互相转化,包括向对立面转化和主次地位转化,回答的是"对立怎样成为同一的(怎样变成同一的)"这一问题。矛盾的同一性不仅意味着矛盾双方互相依存,而且意味着矛盾双方互相转化。因此,仅仅把矛盾的同一性理解为矛盾双方的互相依存是不够的,还必须看到矛盾双方的互相转化,这是更为重要的。毛泽东说:"然而单说了矛盾双方互为存在的条件,双方之间有同一性,因而能够共处于一个统一体中,这样就够了吗?还不够。事情不是矛盾双方互相依存就完了,更重要的,还在于矛盾着的事物的互相转化。这就是说,事物内部矛盾着的两方面,因为一定的条件而各向着和自己相反的方面转化了去,向着它的对立方面所处的地位转化了去。这就是矛盾的同一性的第二

---

① 《毛泽东选集》第1卷,人民出版社1991年版,第328页。

## 第七章 矛盾的同一性与斗争性

种意义。"①例如,"巩固无产阶级的专政或人民的专政,正是准备着取消这种专政,走到消灭任何国家制度的更高阶段去的条件。建立和发展共产党,正是准备着消灭共产党和一切政党制度的条件。建立共产党领导的革命军,进行革命战争,正是准备着永远消灭战争的条件。这许多相反的东西,同时却是相成的东西"②。

如果说矛盾同一性的第一层基本内涵可以说明事物存在的条件,那么,矛盾同一性的第二层基本内涵则可以说明事物变化的方向,即向对立面转化。例如,"我们实行过的土地革命,已经是并且还将是这样的过程,拥有土地的地主阶级转化为失掉土地的阶级,而曾经是失掉土地的农民却转化为取得土地的小私有者。有无、得失之间,因一定条件而互相联结,二者具有同一性。在社会主义条件之下,农民的私有制又将转化为社会主义农业的公有制,苏联已经这样做了,全世界将来也会这样做。……私产和公产之间有一条由此达彼的桥梁,哲学上名之曰同一性,或互相转化、互相渗透"③。矛盾双方既相互依存,又相互转化,这就是矛盾同一性的完整内涵。毛泽东说:"一切矛盾着的东西,互相联系着,不但在一定条件之下共处于一个统一体中,而且在一定条件之下互相转化,这就是矛盾的

---

① 《毛泽东选集》第 1 卷,人民出版社 1991 年版,第 328 页。
② 《毛泽东选集》第 1 卷,人民出版社 1991 年版,第 329 页。
③ 《毛泽东选集》第 1 卷,人民出版社 1991 年版,第 329 页。

同一性的全部意义。"①

毛泽东强调，所谓矛盾在一定条件下的同一性，就是指我们所说的矛盾乃是现实的矛盾、具体的矛盾，而矛盾的互相转化也是现实的、具体的。因此，我们必须注意区分矛盾的现实的同一性与幻想的同一性。神话中的许多变化，例如，《山海经》中所说的"夸父追日"、《淮南子》中所说的"羿射九日"、《西游记》中所说的孙悟空七十二变、《聊斋志异》中的许多鬼狐变人的故事等，这种神话中所说的矛盾的互相转化，乃是无数复杂的现实矛盾的互相转化对于人们所引起的一种幼稚的、想象的、主观幻想的变化，并不是具体的矛盾所表现出来的具体的变化。这种神话中的（或者童话中的）千变万化的故事，只是它们想象出人们征服自然力等，虽然能够得到人们的喜欢，并且经典的神话具有"永久的魅力"，但神话并不是根据具体的矛盾之一定的条件而构成的,所以它们并不是现实之科学的反映。因此，神话或童话中矛盾构成的诸方面并不是具体的同一性，只是幻想的同一性。那么，为什么战争与和平有同一性,而战争与石头却没有同一性呢？为什么人能生人而不能生出其他的东西呢？没有别的，就是因为矛盾的同一性要在一定的必要的条件之下，缺乏一定的必要的条件，就没有任何的同一性。

---

① 《毛泽东选集》第 1 卷，人民出版社 1991 年版，第 330 页。

## 第七章 矛盾的同一性与斗争性

### 2. 矛盾斗争性的基本内涵

可能是由于人们对矛盾的斗争性比较理解,与对矛盾的同一性的说明不同,毛泽东并没有对矛盾的斗争性做出明确的界定,而是着重说明矛盾的斗争性在事物变化过程中的作用。简要地说,所谓矛盾的斗争性,是指矛盾双方相互排斥、相互背离、相互对立的性质和趋势。矛盾的斗争性是事物发展变化的动力。事物的发展变化有两种形态,即量变和质变,同时事物的发展变化过程是不断地从量变转变为质变。质变意味着原有矛盾统一体的瓦解或"矛盾的解决"。矛盾的斗争性既是引起事物量变的动力,也是促成事物质变的动力。毛泽东说:"无论什么事物的运动都采取两种状态,相对地静止的状态和显著地变动的状态。两种状态的运动都是由事物内部包含的两个矛盾着的因素互相斗争所引起的。当着事物的运动在第一种状态的时候,它只有数量的变化,没有性质的变化,所以显出好似静止的面貌。当着事物的运动在第二种状态的时候,它已由第一种状态中的数量的变化达到了某一个最高点,引起了统一物的分解,发生了性质的变化,所以显出显著地变化的面貌。我们在日常生活中所看见的统一、团结、联合、调和、均势、相持、僵局、静止、有常、平衡、凝聚、吸引等等,都是事物处在量变状态中所显现的面貌,而统一物的分解,团结、联合、调和、均势、相持、僵局、静止、有常、平衡、凝聚、吸引等等状态的破坏,变到相反的状态,便都是事物在质变状态中、在一种过程过渡到他种过程的变化中所显现的面貌。事物总是不断地由第一种状态转化为第二种状态,而矛盾的斗争则存在于两种状态中,并经过第二种状态而达到矛盾的解决。所以说,对立的统一是有条件的、暂时的、相对的,而对立的互相排除的斗争则是绝对的。"①

为了进一步解释矛盾的斗争性,《矛盾论》专设一部分即第六部分"对抗在矛盾中的地位",详细说明矛盾的斗争形式问题。毛泽东说:"在矛盾的斗争性的问题中,包含着对抗是什么的问题。我们回答道:对抗是矛盾斗争的一种形式,而不是矛盾斗争的一切形式。"②就是说,根据具体条件,矛盾斗争既可能采取对抗的形式,也可能采取非对抗的形式;对抗只是矛盾斗争的一种形式而不是矛盾斗争的一切形式。因此,我们既不能否定对抗的必要性、必然性,也不能把对抗这一矛盾斗争形式公式化、普遍化,把对抗视为矛盾斗争的唯一形式。

在这一部分,按照斗争的形式,毛泽东把矛盾分为两种类型:一种类型是对抗性矛盾,另一种类型是非对抗性矛盾。所谓对抗性矛盾就是矛盾双方的斗争采取激烈的外部对抗而解决旧矛盾的矛盾;所谓非对抗性矛盾则是矛盾双方在原有矛盾统一体内相互斗争的矛盾。对抗性矛盾与非对抗性矛盾不是固定不变的,而是相互转化的。毛泽东举出数例说明对抗性矛盾与

---

① 《毛泽东选集》第1卷,人民出版社1991年版,第332—333页。
② 《毛泽东选集》第1卷,人民出版社1991年版,第334页。

## 第七章 矛盾的同一性与斗争性

非对抗性矛盾在一定条件下就会发生相互转化；同一种矛盾在不同条件，既可能是对抗性矛盾，也可能是非对抗性矛盾。

例证之一，阶级矛盾由非对抗性矛盾转化为对抗性矛盾。革命战争就是解决对抗性阶级矛盾的一种形式和手段。毛泽东说："在人类历史中，存在着阶级的对抗，这是矛盾斗争的一种特殊的表现。剥削阶级和被剥削阶级之间的矛盾，无论在奴隶社会也好，封建社会也好，资本主义社会也好，互相矛盾着的两阶级，长期地并存于一个社会中，它们互相斗争着，但要待两阶级的矛盾发展到了一定的阶段的时候，双方才取外部对抗的形式，发展为革命。阶级社会中，由和平向战争的转化，也是如此。"①

例证之二，自然矛盾由非对抗性矛盾转化为对抗性矛盾。炸弹的爆炸就是自然矛盾转化为对抗性矛盾的典型例证。"炸弹在未爆炸的时候，是矛盾物因一定条件共居于一个统一体中的时候。待至新的条件（发火）出现，才发生了爆炸。自然界中一切到了最后要采取外部冲突形式去解决旧矛盾产生新事物的现象，都有与此相仿佛的情形。"②

例证之三，思想矛盾由非对抗性矛盾转化为对抗性矛盾。毛泽东说："共产党内正确思想和错误思想的矛盾，如前所说，在阶级存在的时候，这是阶级矛盾对于党内的反映。这种矛盾，

---

① 《毛泽东选集》第1卷，人民出版社1991年版，第334页。
② 《毛泽东选集》第1卷，人民出版社1991年版，第334页。

在开始的时候,或在个别的问题上,并不一定马上表现为对抗性的。但随着阶级斗争的发展,这种矛盾也就可能发展为对抗性的。苏联共产党的历史告诉我们:列宁、斯大林的正确思想和托洛茨基、布哈林等人的错误思想的矛盾,在开始的时候还没有表现为对抗的形式,但随后就发展为对抗的了。中国共产党的历史也有过这样的情形。我们党内许多同志的正确思想和陈独秀、张国焘等人的错误思想的矛盾,在开始的时候也没有表现为对抗的形式,但随后就发展为对抗的了。目前我们党内的正确思想和错误思想的矛盾,没有表现为对抗的形式,如果犯错误的同志能够改正自己的错误,那就不会发展为对抗性的东西。因此,党一方面必须对于错误思想进行严肃的斗争,另一方面又必须充分地给犯错误的同志留有自己觉悟的机会。在这样的情况下,过火的斗争,显然是不适当的。但如果犯错误的人坚持错误,并扩大下去,这种矛盾也就存在着发展为对抗性的东西的可能性。"①

例证之四,城乡矛盾在不同条件下分别表现为对抗性矛盾和非对抗性矛盾。"经济上城市和乡村的矛盾,在资本主义社会里面(那里资产阶级统治的城市残酷地掠夺乡村),在中国的国民党统治区域里面(那里外国帝国主义和本国买办大资产阶级所统治的城市极野蛮地掠夺乡村),那是极其对抗的矛盾。但在社会主义国家里面,在我们的革命根据地里面,这种对抗的矛盾就变为非对抗的矛盾,而当到达共产主义社会的时候,这种

---

① 《毛泽东选集》第1卷,人民出版社1991年版,第335页。

## 第七章 矛盾的同一性与斗争性

矛盾就会消灭。"①

### 3. 矛盾的同一性与斗争性及其辩证关系

毛泽东反复强调,矛盾的同一性是有条件的、相对的,而矛盾的斗争性则是无条件的、绝对的。如何理解这一点,是我们理解矛盾的同一性和斗争性及其辩证关系的关键。

所谓矛盾的同一性是有条件的、相对的,在列举数个事例说明后,毛泽东总结说:"两个相反的东西中间有同一性,所以二者能够共处于一个统一体中,又能够互相转化,这是说的条件性,即是说在一定条件之下,矛盾的东西能够统一起来,又能够互相转化;无此一定条件,就不能成为矛盾,不能共居,也不能转化。由于一定的条件才构成了矛盾的同一性,所以说同一性是有条件的、相对的。"②相反的东西必须具备一定的条件,才能构成一个现实的具体的矛盾统一体,否则,就不能构成一个现实的具体的矛盾统一体。例如,我们常说水火不容。实际上,水和火要成为现实的具体的矛盾统一体,就必须具备一定的条件,否则,水是水,火是火,两者并不相干。依此而言,矛盾包含着相反的东西,而相反的东西若缺乏一定条件就难以构成矛盾,或者说相反的东西不一定会构成矛盾。

那么,为什么说矛盾的斗争性是无条件的、绝对的?相反

---

① 《毛泽东选集》第 1 卷,人民出版社 1991 年版,第 335—336 页。
② 《毛泽东选集》第 1 卷,人民出版社 1991 年版,第 333 页。

的东西构成矛盾统一体需要具备一定的条件。任何矛盾统一体都不可能是永远存在的，总有一个形成、发展和消亡的过程。矛盾的斗争性正是促使原有矛盾统一体瓦解的动力。"一切过程都有始有终，一切过程都转化为它们的对立物。一切过程的常住性是相对的，但是一种过程转化为他种过程的这种变动性则是绝对的。"①矛盾的斗争性既是打破矛盾统一体的力量，又是破坏矛盾统一体构成条件的力量。因此，相对于矛盾的同一性来说，矛盾的斗争性是无条件的、绝对的。"矛盾的斗争贯串于过程的始终，并使一过程向着他过程转化，矛盾的斗争无所不在，所以说矛盾的斗争性是无条件的、绝对的。"②强调矛盾的斗争性的无条件性、绝对性突出了既定矛盾统一体的暂时性、事物发展变化的永恒性和矛盾转化的必然性。

矛盾的同一性与斗争性是相互结合、相互联结的，两者不能分离。毛泽东用"相反相成"这一中国成语来说明矛盾的同一性和斗争性的关系。"我们中国人常说：'相反相成。'就是说相反的东西有同一性。这句话是辩证法的，是违反形而上学的。'相反'就是说两个矛盾方面的互相排斥，或互相斗争。'相成'就是说在一定条件之下两个矛盾方面互相联结起来，获得了同一性。"③矛盾的斗争性寓于矛盾的同一性之中，没有同一性，矛盾统一体无法存在，矛盾的斗争性无法开展；没有斗争性，

---

① 《毛泽东选集》第1卷，人民出版社1991年版，第332页。
② 《毛泽东选集》第1卷，人民出版社1991年版，第333页。
③ 《毛泽东选集》第1卷，人民出版社1991年版，第333页。

## 第七章 矛盾的同一性与斗争性

矛盾双方无法转化,矛盾的同一性就成为凝固僵化的。正是矛盾的同一性和斗争性相结合才构成矛盾统一体及其发展变化的动力。"有条件的相对的同一性和无条件的绝对的斗争性相结合,构成了一切事物的矛盾运动。"①矛盾的同一性是有条件的、相对的、特殊的,而矛盾的斗争性则是无条件的、绝对的、普遍的。因此,毛泽东说:"在同一性中存在着斗争性,在特殊性中存在着普遍性,在个性中存在着共性。拿列宁的话来说,叫做'在相对的东西里面有着绝对的东西'。"②

## 二、把握矛盾的同一性与斗争性及其辩证关系的方法论原则

毛泽东在阐述矛盾的同一性与斗争性及其辩证关系的过程中,不仅说明了其思想内涵,而且蕴含着相应的认识方法、分析方法。我们不仅要把握其思想内容,而且要领会其思想方法。只有立足世界观与方法论相统一的高度,才能深刻把握其思想内容和思想方法。

### 1. 对立统一的动态分析方法

同一性与斗争性是矛盾的两种基本属性,两者是不可分离

---

① 《毛泽东选集》第1卷,人民出版社1991年版,第333页。
② 《毛泽东选集》第1卷,人民出版社1991年版,第333页。

的。我们必须立足一定的矛盾统一体来把握和认识矛盾的同一性与斗争性及其辩证关系，既从矛盾的同一性中把握矛盾的斗争性，又从矛盾的斗争性中把握矛盾的同一性。冯友兰说："一个统一体的两个对立面既统一又斗争，就其统一这方面说，也可以说是两个伙伴。譬如：就一个贸易的关系说，其中必有两个伙伴——一个买者，一个卖者。没有买者就没有卖者，没有卖者也就没有买者。买者和卖者是一对对立面，也是一对伙伴。无论怎样说，他们都是互相依存的。它们互相依存而又互相斗争，都想占对方的便宜，这就是中国近代人所谓'商战'。这一对对立面或伙伴，因贸易这个关系而处于一个统一体中；又因同在一个统一体中而互相斗争，这就成为又统一、又斗争的局面。中国有句老话说'不是冤家不聚头'，说的就是这种情况。"① 离开一定的矛盾统一体，矛盾的同一性与斗争性就会失去基础、内容和意义而陷入空洞的抽象。矛盾的同一性和斗争性既推动一定矛盾统一体的不断变化又推动自身的不断变化。"客观事物中矛盾着的诸方面的统一或同一性，本来不是死的、凝固的，而是生动的、有条件的、可变动的、暂时的、相对的东西，一切矛盾都依一定条件向它们的反面转化着。这种情况，反映在人们的思想里，就成了马克思主义的唯物辩证法的宇宙观。"② "科学地反映现实变化的同一性的，就是马克思主义的

---

① 冯友兰：《中国现代哲学史》，生活·读书·新知三联书店2009年版，第144—145页。
② 《毛泽东选集》第1卷，人民出版社1991年版，第330页。

## 第七章 矛盾的同一性与斗争性

辩证法。"①同样,矛盾的斗争性在事物的量变过程和质变过程中具有不同的内容与形式,在对抗性矛盾和非对抗性矛盾中也具有不同的内容与形式,如此等等。

### 2. 对立统一的条件分析方法

在说明矛盾的同一性时,毛泽东强调,必须注意区分现实的具体的同一性与幻想的抽象的同一性,必须注意构成矛盾同一性的具体条件,强调矛盾双方的相互依存、相互转化都需要相应的具体条件。离开具体条件,矛盾的同一性是不可能存在的。同样,矛盾的斗争性及其斗争的内容和形式也需要具体的条件,离开矛盾的斗争性无法实现矛盾的转化。要正确发挥矛盾斗争性的作用必须根据具体条件采取合适的斗争方式,斗争要得法,做到"有理、有利、有节",而不能"斗"字当头,乱斗一顿。因此,我们认识矛盾的同一性和斗争性,认识和促成矛盾的转化,必须分析和利用其所需要的具体条件。"为什么俄国在一九一七年二月的资产阶级民主革命和同年十月的无产阶级社会主义革命直接地联系着,而法国资产阶级革命没有直接地联系于社会主义的革命,一八七一年的巴黎公社终于失败了呢?为什么蒙古和中亚细亚的游牧制度又直接地和社会主义联系了呢?为什么中国的革命可以避免资本主义的前途,可以和社会主义直接联系起来,不要再走西方国家的历史老路,不要

---

① 《毛泽东选集》第 1 卷,人民出版社 1991 年版,第 331 页。

经过一个资产阶级专政的时期呢？没有别的，都是由于当时的具体条件。一定的必要的条件具备了，事物发展的过程就发生一定的矛盾，而且这种或这些矛盾互相依存，又互相转化，否则，一切都不可能。"①矛盾的同一性和斗争性都是具体的、历史的、不断变化的，而不是抽象的、一成不变的。

### 3. 对立统一的实践分析方法

矛盾的同一性与斗争性及其辩证关系是具体的、现实的。无论是矛盾双方的相互依存还是相互转化，无论是对抗性矛盾还是非对抗性矛盾都不是一成不变的，而是不断变化的。在社会生活领域中，正是社会实践造成了各种各样的矛盾统一体及其不断变化，矛盾的同一性与斗争性及其辩证关系的现实内容是由实践赋予的。同时，社会实践也是人们认识和解决矛盾的重要途径与根本动力。只有立足社会实践，人们才能切实地认识矛盾的同一性和斗争性及其辩证关系。因此，毛泽东用来说明矛盾的同一性和斗争性及其辩证关系的诸多例证都蕴含着深刻的实践内涵。例如，毛泽东说："我们实行过的土地革命，已经是并且还将是这样的过程，拥有土地的地主阶级转化为失掉土地的阶级，而曾经是失掉土地的农民却转化为取得土地的小私有者。有无、得失之间，因一定条件而互相联结，二者具有同一性。在社会主义条件之下，农民的私有制又将转化为社会主义农业的公有制，苏

---

① 《毛泽东选集》第 1 卷，人民出版社 1991 年版，第 331—332 页。

## 第七章 矛盾的同一性与斗争性

联已经这样做了,全世界将来也会这样做。私产和公产之间有一条由此达彼的桥梁,哲学上名之曰同一性,或互相转化、互相渗透。"①显然,离开中国共产党领导农民进行的土地革命实践,封建土地所有制就不会转化为农民土地私有制;离开社会主义改造实践,农民土地私有制就不会转化为社会主义土地公有制。因此,我们必须通过特定社会实践,才能理解矛盾的同一性与斗争性及其辩证关系的现实内容。在社会生活中,矛盾的同一性和斗争性具有深刻的实践内涵,并蕴含主体的自觉能动性。

### 三、深刻把握矛盾的同一性与斗争性及其辩证关系的重要意义

深刻把握矛盾的同一性与斗争性及其辩证关系,对于我们正确认识和解决中国革命、建设与改革面对的矛盾,对于正确把握毛泽东哲学的精神实质等重大实践和理论问题,都具有重要意义。

#### 1. 阐明了社会变革的理论基础

矛盾的同一性与斗争性及其辩证关系阐明了矛盾运动的方向和动力、矛盾转化的必然性和可能性,阐明了事物新陈代谢的动力机制,阐明了社会变革(包括革命、革命战争和改革

---

① 《毛泽东选集》第 1 卷,人民出版社 1991 年版,第 329 页。

## 《矛盾论》精学导读

等形式）的必要性、可能性和历史合理性。"只有现在的和历史上的反动的统治阶级以及为他们服务的形而上学，不是把对立的事物当作生动的、有条件的、可变动的、互相转化的东西去看，而是当作死的、凝固的东西去看，并且把这种错误的看法到处宣传，迷惑人民群众，以达其继续统治的目的。共产党人的任务就在于揭露反动派和形而上学的错误思想，宣传事物的本来的辩证法，促成事物的转化，达到革命的目的。"① 毛泽东强调，认识对抗性矛盾，是极为重要的。"它使我们懂得，在阶级社会中，革命和革命战争是不可避免的，舍此不能完成社会发展的飞跃，不能推翻反动的统治阶级，而使人民获得政权。共产党人必须揭露反动派所谓社会革命是不必要的和不可能的等等欺骗的宣传，坚持马克思列宁主义的社会革命论，使人民懂得，这不但是完全必要的，而且是完全可能的，整个人类的历史和苏联的胜利，都证明了这个科学的真理。"② 在承认和直面对抗性矛盾时，我们不能把矛盾与对抗混同起来，不能把对抗当作矛盾斗争的唯一形式。"我们必须具体地研究各种矛盾斗争的情况，不应当将上面所说的公式不适当地套在一切事物的身上。矛盾和斗争是普遍的、绝对的，但是解决矛盾的方法，即斗争的形式，则因矛盾的性质不同而不相同。"③ 根据事物的具体发展，有些矛盾由原来是非对抗性的而发展成为对抗性的，而有

---

① 《毛泽东选集》第1卷，人民出版社1991年版，第330页。
② 《毛泽东选集》第1卷，人民出版社1991年版，第334页。
③ 《毛泽东选集》第1卷，人民出版社1991年版，第334—335页。

## 第七章 矛盾的同一性与斗争性

些矛盾则由原来是对抗性的而发展成为非对抗性的。因此，我们要注意区分对抗性矛盾与非对抗性矛盾，千万不要把矛盾混同于对抗，千万不要把对抗性矛盾与非对抗性矛盾看成一成不变的，而是要时刻注意其相互转化，采取合适的斗争方式。"列宁说：'对抗和矛盾断然不同。在社会主义下，对抗消灭了，矛盾存在着。'这就是说，对抗只是矛盾斗争的一种形式，而不是它的一切形式，不能到处套用这个公式。"①由此可以看出，毛泽东既反对否认矛盾的斗争性和对抗性的错误思想，也反对把矛盾的斗争性和对抗性简单化、公式化的错误思想。中国革命、建设和改革都需要认识与处理错综复杂的矛盾，这是毫无疑义的。问题是革命、建设、改革面临的矛盾，无论是内容还是形式，都是不同的。建设和改革需要借鉴革命经验，但不能照搬。中国特色社会主义进入了新时代，无论是矛盾的同一性还是斗争性，都必然具有新的实践内涵和历史特点，我们必须发扬斗争精神，提高斗争本领，才能正确认识和解决矛盾。正如习近平同志所说："社会是在矛盾运动中前进的，有矛盾就会有斗争。我们党要团结带领人民有效应对重大挑战、抵御重大风险、克服重大阻力、解决重大矛盾，必须进行具有许多新的历史特点的伟大斗争，任何贪图享受、消极懈怠、回避矛盾的思想和行为都是错误的。"②

---

① 《毛泽东选集》第 1 卷，人民出版社 1991 年版，第 336 页。
② 《中国共产党第十九次全国代表大会文件汇编》，人民出版社 2017 年版，第 12—13 页。

## 2. 阐明了统一战线既联合又斗争战略和策略的理论基础

统一战线是中国共产党人的三大法宝之一。但在大革命时期和土地革命时期,中国共产党人还没有学会正确认识与运用统一战线战略和策略,而是陷入了把联合和斗争绝对对立起来,要么只讲联合不讲斗争,要么只讲斗争不讲联合的思想误区,结果给中国革命带来严重挫折。中国共产党人之所以会犯这种错误,其思想原因主要是未能把握中国革命的复杂性、中间阶级的双重性及敌友转化的可能性,未能深刻把握矛盾的同一性与斗争性及其辩证关系,陷入了一种两极绝对对立的片面化、简单化的思维误区。《矛盾论》关于矛盾的同一性与斗争性及其辩证关系的深刻论述是对中国革命经验的哲学总结,为中国共产党人正确认识和运用抗日民族统一战线既联合又斗争、以斗争求团结的战略和策略奠定了理论基础。对此,毛泽东深有体会,反复论说。1940年,毛泽东总结说:"我党在历史上有三个时期。在大革命末期,陈独秀主张联合一切,下令制止工农运动。到苏维埃时期,在初期暴动时实行打倒一切,到六大时纠正了。但到苏维埃末期又是打倒一切,估计当时是苏维埃与殖民地两条道路的决战。……在过去这两个时期的'联合一切'、'打倒一切'的东西,的确不是马列主义,当时主持的人认为是马列主义,实际上这都是绝对主义。现在我们的统一战线的路线是又联合又斗

## 第七章 矛盾的同一性与斗争性

争,不是绝对的联合或斗争。"①1964年,毛泽东再次总结说:"中国革命没有两次失败,一九二七年右倾失败,及以后的'左'倾失败,是不能胜利的,不能总结经验。第一次失败,是没有看到朋友会变成敌人,只讲团结不讲斗争。第二次失败,是只讲斗争不讲团结,把小资产阶级、民族资产阶级全看成敌人。这两次党内关系也不正常。我们就总结了经验,所以抗日战争时期,我们的政策就比较正确了。"②

---

① 中共中央文献研究室编:《毛泽东年谱(1893—1949)》修订本中卷,中央文献出版社2013年版,第237页。

② 中共中央文献研究室编:《毛泽东年谱(1949—1976)》第5卷,中央文献出版社2013年版,第309页。

# 第八章 《矛盾论》的巨大影响

1952年4月,《矛盾论》发表后,不仅在国内产生了深远持久的影响,在国际上也产生了重要影响。总体而言,《矛盾论》所产生的巨大影响主要表现在三个方面:一是《矛盾论》在国内外得到了广泛传播;二是《矛盾论》在国内外产生了巨大政治影响;三是《矛盾论》产生了深远的学术影响,长期受到国内外学术界的关注和研究。

## 一、《矛盾论》的传播情况

毛泽东在抗大讲哲学引起了很大的反响,其撰写的《辩证法唯物论(讲授提纲)》在当时备受欢迎,中华人民共和国成立前已被很多机构翻印。有学者统计,大约共有16种翻印本,如1937年9月,由延安总政治部油印了未署名的《辩证法唯物论(讲授提纲)》;1938年4~5月,中共广东省委刊物《抗战大学》刊载了署名"毛泽东主讲"的《辩证法唯物论(讲授提纲)》;1940年3月,上海《民主》杂志第1卷第1、2期署名转载;1940年8月,八路军军政杂志社出版未署名著者和出版日期的

## 第八章 《矛盾论》的巨大影响

《辩证法唯物论(讲授提纲)》,但在书封面上却有毛泽东的签名;1941年7月,晋察冀日报出版的《辩证法唯物论》;1942年,新华书店晋察冀分店翻印本;1942年,新四军四师拂晓出版社翻印本;1943年2月,华北新华书店翻印本;1946年,大连大众书店翻印本;1946年3月,中国出版社翻印本等。①《辩证法唯物论(讲授提纲)》在当时已经被很多人当作教学参考书了。哲学家和培元说:"1937年毛泽东同志在抗大的哲学讲座,至今犹脍炙人口,他的讲授提纲——特别是对立统一规律一章,是最好的中国化了的马列主义哲学著作,他对辩证法原则的阐述之所以那么爽朗、生动、有力,这不仅由于他的文字的流畅易读,更重要的是由于在字里行间洋溢着活的中国革命经验。这就指示着新哲学中国化的正确道路。"②

中华人民共和国成立后,从1952年4月1日《人民日报》公开发表《矛盾论》开始,1952年4月10日《学习》和1952年4月25日《新华月报》等杂志相继刊发《矛盾论》,并被编入《毛泽东选集》第2卷,随后被编入《毛泽东选集》第1卷第2版;先后出版了10种汉文版及注音本、20种少数民族文版、3种盲文版的《矛盾论》单行本;还出版了内含《矛盾论》的《毛主席的五篇哲学著作》、《毛主席的四篇哲学论文》、《毛

---

① 参见许全兴:《〈实践论〉〈矛盾论〉研究综述》,中共中央党校出版社2013年版,第74—76页。
② 转引自许全兴:《〈实践论〉〈矛盾论〉研究综述》,中共中央党校出版社2013年版,第84页。

主席的四篇哲学著作》和《〈实践论〉〈矛盾论〉》哲学专题汇编本的汉文版和少数民族文版。1964年8月，中共中央规定县以上干部必须精读如《矛盾论》等毛泽东的哲学著作。1964年9月，中共中央把《矛盾论》作为高等学校、中等学校思想政治理论课的基础教材之一。1964年12月，周恩来同志在第三届全国人民代表大会第一次会议上作政府报告，在介绍大庆油田时说："这个油田的建设，是活学活用毛泽东思想的典范。用他们自己的话说，是'两论起家'，就是通过大学《实践论》和《矛盾论》，用辩证唯物主义的观点，去分析、研究、解决建设工作中的一系列问题。"①《矛盾论》不仅成为马克思主义哲学的重要教材，而且成为人们的行动指南。

《矛盾论》在国外也得到广泛传播。从20世纪50年代起，先后出版了英文版、俄文版、波斯文版、波兰文版、越南文版、罗马尼亚文版、斯洛伐克文版、匈牙利文版、朝鲜文版、缅甸文版、德文版、西班牙文版、阿拉伯文版、法文版、日文版、吉尔吉斯文版、印尼文版、拉脱维亚文版、瑞典文版、荷兰文版、葡萄牙文版、意大利文版、泰文版、新蒙古文版、豪萨文版、乌尔都文版、泰米尔文版、斯瓦希里文版、泰卢固文版、僧伽罗文版、保加利亚文版、阿尔巴尼亚文版、哈萨克文版、印地文版等33种《矛盾论》单行本版本。另外，一些出版社还

---

① 中共中央文献研究室编：《建国以来重要文献选编》第19册，中央文献出版社1998年版，第469页。

## 第八章 《矛盾论》的巨大影响

出版了《毛主席的五篇哲学著作》《毛主席的四篇哲学论文》《〈实践论〉〈矛盾论〉》等著作的多种外文版。

《矛盾论》在中国发表后,首先受到其他社会主义国家的广泛关注和热情介绍。苏联共产党机关刊物《布尔什维克》在1952年第9和第11期全文刊载了《矛盾论》,并在介绍《毛泽东选集》第2卷俄文本时,高度评价了《矛盾论》,指出《矛盾论》使中国共产党从思想上克服了教条主义和经验主义对中国革命的危害,它主要是为了批判教条主义和经验主义。1952年7月,朝鲜《人民》杂志全文刊载了《矛盾论》,朝鲜劳动党于1953年又发行了《矛盾论》朝鲜文单行本。1952年,越南劳动党主席胡志明曾亲自翻译《矛盾论》,并由越南真理出版社出版,随后在1956年、1957年、1958年再版。1964年,古巴出版发行了《矛盾论》的单行本。

《矛盾论》对日本和欧美等发达资本主义国家也产生了重要影响。《矛盾论》对日本产生的影响要早于欧美国家。1952年8月,日本共产党刊物《前卫》第71期全文刊载了《矛盾论》;同年,还发行了《矛盾论》单行本30万册。1952年,日本著名学者松村一人在《论毛泽东哲学的意义》中写道:"毛泽东的《矛盾论》(以及《实践论》)使马克思列宁主义哲学向前推进了一步。如果不学习毛泽东的哲学,我们就不能谈论马列主义哲学。如果不学习毛泽东的著作,我们也就不能充分理解马克思、恩格斯、列宁、斯大林的哲学。"①《矛盾论》更多的是随《毛泽东选集》而在国外传播的。1954～1955年,英国、法国等国就出版了《毛泽东选集》第1卷。20世纪五六十年代,中国出版了《毛泽东选集》第1卷至第4卷。从20世纪60年代起,欧美各国开始翻译出版《毛泽东选集》第1卷至第4卷,挪威、瑞典、芬兰、希腊等国相继出版了《毛泽东选集》第1卷至第4卷。同时,欧美国家十分重视对毛泽东著作的翻译、出版、介绍和学习。

　　《矛盾论》对于其他一些国家和政党的影响也很深远。1963年9月,印度尼西亚共产党人艾地认为,毛泽东的著作《实践论》《矛盾论》《关于正确处理人民内部矛盾的问题》等等,对印度尼西亚共产党学习总结自己的经验和解决党内矛盾有极其重要的意义。新西兰共产党曾经号召党内的各级组织积极学习毛泽东的伟大理论著作《矛盾论》。1970年,智利社会党人阿连德当选为总统,智利形成了一股学习毛泽东著作的热潮。20世纪六七十年代,一些刚刚独立的非洲国家,如贝宁、埃塞俄比亚、马达加斯加、加纳等国家的政府首脑,主动学习中国的经验,毛泽东的《矛盾论》深受这些国家和人民的欢迎。1963～1964年,《矛盾论》在非洲出版发行,受到当地人民的欢迎,一度被抢购。同期,《矛盾论》在锡兰出版发行。20世纪70年

---

①〔日〕松村一人:《论毛泽东哲学的意义(之一)——以〈矛盾论〉为中心》,王乐夫译,《毛泽东哲学思想研究动态》1984年第3期,第29页。

## 第八章 《矛盾论》的巨大影响

代上半期,墨西哥中国友好协会和国际补偿公司成为毛泽东著作在墨西哥发行的主力,1974年,墨西哥就进口了8万册内含《矛盾论》的《毛泽东五篇哲学著作》。在亚非拉地区,人们学习和研究毛泽东的《矛盾论》,结合本国实际加以领会并运用于指导本民族解放事业。

## 二、《矛盾论》的政治影响

《矛盾论》不仅在国内产生了广泛而深刻的政治影响,而且在国外也产生了广泛的政治影响。

几代中国共产党人都非常重视《矛盾论》。1981年,邓小平强调:"现在我们的干部中很多人不懂哲学,很需要从思想方法、工作方法上提高一步。《实践论》、《矛盾论》、《论持久战》、《战争和战略问题》、《论联合政府》等著作,选编一下。还要选一些马恩列斯的著作。总之,很需要学习马克思主义哲学就是了。"①李瑞环说:"就我个人的体会看,把'两论'作为学习哲学的主要内容,是哲学入门的一个有效的途径。《实践论》、《矛盾论》是毛主席的重要哲学著作。毛主席在理论上了不起的贡献之一,就是把马克思主义哲学的主要内容概括为《实践论》、《矛盾论》,并用通俗易懂的语言和事例表达出来了。毛主席的这两篇文章是对党的历史经验的理论总结,是对主观主

---

① 《邓小平文选》第2卷,人民出版社1994年版,第303—304页。

义特别是对教条主义斗争的产物。'两论'的许多段落,至今读起来仍然感到很亲切、很深刻。"①2016年,习近平同志强调:"毛泽东同志就是一位伟大的哲学家、思想家、社会科学家,他撰写的《矛盾论》、《实践论》等哲学名篇至今仍具有重要指导意义。"②

《矛盾论》不仅在国内产生了巨大的政治影响,在国外也产生了广泛的政治影响,尤其是对一些国家的共产党人,他们将之视为马克思主义教科书。1963年9月,印度尼西亚共产党主席艾地同志来中国访问时说:"毛泽东同志的著作《实践论》、《矛盾论》和一九五七年发表的《关于正确处理人民内部矛盾的问题》,对印度尼西亚共产党学习总结自己的经验和解决党内矛盾有极其重要的意义。"③1968年6月,新西兰共产党总书记威尔科克斯在《新西兰共产主义评论》期刊上发表了一篇题为《学习毛主席对辩证法的新贡献》的文章,指出毛泽东的理论和实践是在继承以往的马克思主义的丰富遗产基础上建立起来的,学习毛泽东对马克思列宁主义理论丰富和发展的新的理论是所有共产主义革命者的首要任务,检验一个马克思列宁主义者的标准,就是看他如何评价毛泽东的理论和实

---

① 李瑞环:《学哲学 用哲学》上册,中国人民大学出版社2005年版,第10页。
② 习近平:《在哲学社会科学工作座谈会上的讲话》,《人民日报》2016年5月19日第2版。
③〔印〕迪·努·艾地:《印度尼西亚革命的若干问题和印度尼西亚共产党 印度尼西亚共产党主席迪·努·艾地九月四日在北京市欢迎大会上的报告》,《人民日报》1963年9月5日第3版。

## 第八章 《矛盾论》的巨大影响

践。他高度评价《矛盾论》的重大意义,并且号召在整个党内的各级开始进行毛泽东的伟大理论著作《矛盾论》和《实践论》的学习。他还指出,毛泽东正是因为运用了唯物辩证法的矛盾法则,所以才能提出人民战争的理论,特别是阐述了党领导下的军队的问题。德国共产主义工人联盟声明中说:"毛泽东一直是我们的伟大导师。他的《实践论》和《矛盾论》等著作,在革命的德国共产党内成了教科书,这些著作是我们进行党的建设的指导性著作的一部分。"①联邦德国《共产主义工人报》1977年第121期上发表的《毛泽东理论对德国的意义》一文中说:"毛泽东以其矛盾论的哲学思想为立足点,通过对矛盾中新、旧两个方面关系的探讨,总结了国际工人运动的经验以及中国革命的历史经验,提出了人民战争这一理论,并用中国革命的胜利从实践证明了这一理论以及矛盾哲学思想的正确性。"②日本共产党(左派)中央临时指导部试图把《矛盾论》的思想运用到日本共产党的建设上,强调把毛泽东同志的辩证法运用于党的建设上的重要性,认为党内如果没有矛盾和解决矛盾的思想斗争,党的生命也就停止了。

《矛盾论》所产生的国际政治影响不仅表现为各国共产党人试图以其为指导加强党的建设,而且表现为其对民族解放事

---

① 新华通讯社编译:《举世悼念毛泽东主席》,人民出版社 1978 年版,第 101 页。
② 李毅:《国外研究〈实践论〉〈矛盾论〉情况简介》,《毛泽东哲学思想研究动态》1988 年第 2 期,第 62 页。

业、日常生活乃至科学研究产生了重大影响。毛泽东逝世后不久，挪威一位名叫荣·M的"毛主义者"为悼念毛泽东，在挪威期刊《阶级斗争》上发文称："对我们这些北欧小国的人民来说，毛泽东永远是我们的导师。他教导我们如何改造社会。我们记得《实践论》和《矛盾论》打开了我们对事物的新的认识。"①在纪念毛泽东逝世10周年时，日本工人党机关报《人民新报》发表文章号召全体党员特别是年轻同志，"要紧密结合个人实践的经验，精读'毛泽东的《实践论》和《矛盾论》'这两部哲学著作，既要肯动脑子，又要有学习的热情"。"每当我们在实际工作中遇到困难，或在思想上有什么烦恼的时候，只要反复认真地学习毛泽东的哲学著作，就会豁然开朗，使我们得到进步。"②日本学者松村一人说："毛泽东的《矛盾论》（以及《实践论》）的意义不只在于它的理论正确并包含有新的内容，而在于它集中了亿万中国人民的斗争经验"③。他认为，在日本，对于那些为民族的解放和幸福而斗争的人民而言，哲学并不是很遥远的东西，只要他们真正按照《矛盾论》的科学方法办事就能获得成功，否则就会招致失败。

---

① 新华通讯社编译：《举世悼念毛泽东主席》，人民出版社1978年版，第402页。
② 赵永茂：《毛泽东哲学思想研究在国外》，中共中央党校出版社1993年版，第97页。
③〔日〕松村一人：《论毛泽东哲学的意义（之一）——以〈矛盾论〉为中心》，王乐夫译，《毛泽东哲学思想研究动态》1984年第3期，第30页。

第八章 《矛盾论》的巨大影响

## 三、《矛盾论》的学术影响

《矛盾论》诞生80年来,国内学者对它的关注和研究持续不断,大致可以分为两个阶段:第一阶段是改革开放前的40年;第二阶段是改革开放后的40年。第一阶段主要是对《矛盾论》的宣传和注解,其中以李达写的《〈实践论〉〈矛盾论〉解说》为代表成果,这些成果对于宣传和普及《矛盾论》具有重要作用,但严格说来,还没有展开对《矛盾论》的学术研究。改革开放以来,国内学者开始对《矛盾论》进行比较深入的学术研究,出现了一批研究成果。众多国内学者高度评价了毛泽东的《矛盾论》对唯物辩证法的重大贡献,认为《矛盾论》丰富和发展了唯物辩证法,开创了马克思主义中国化的先河。

同时,《矛盾论》长期受到国外学术界的关注和研究,并引发了激烈争论,在国际上产生了重要的学术影响。一些国外学者高度评价了《矛盾论》对唯物辩证法的重大贡献。例如,1958年苏联科学院哲学研究所编写的《马克思主义哲学原理》中写道:"毛泽东同志的《矛盾论》这篇杰出的、深刻的、有重大价值的著作,是对马克思主义辩证法理论的卓越贡献。"[①]1959年,白俄罗斯共和国哲学研究所和列宁大学共同编写的《列宁〈哲学笔记〉研究》一书在谈到客观事物的本质时说:"这个问

---

① 转引自许全兴:《为毛泽东辩护》,当代中国出版社1996年版,第184页。

题上,必须指出毛泽东同志在其著作《矛盾论》中关于对本质的理解的重要言论。这部著作具体化和发展了列宁在《哲学笔记》中所论述的许多重要原理。"①苏联学者米海耶夫说:"毛泽东的著作《矛盾论》帮助了中国共产党在思想上粉碎了教条主义和经验主义对革命实践的危害性。毛泽东同志这一著作本身就是理论与实践统一的范例,是中国人民争取自己解放的多年革命斗争的理论上的马克思主义的总结,是对于实践与理论的相互关系的独创性的研究。"②美国学者费正清说:"不管怎样,毛在着重矛盾方面、关于'对立的统一'问题,表现了他的独创性。"③德国学者雪斯诺说:"《实践论》和《矛盾论》两篇文章,尤其是给辩证唯物主义的总的理论增添了新的内容。"④日本学者松村一人说:"如果用一句话来概括,《矛盾论》的根本特征,其最大的功绩就是,它彻底批判了在辩证法理论中对辩证法的公式主义的理解。"⑤松村一人认为,《矛盾论》的创造性表现为毛泽东把矛盾的特殊性的各方面进行了具体化的阐述。因此,

---

① 转引自赵永茂:《毛泽东哲学思想研究在国外》,中共中央党校出版社1993年版,第50页。

② 转引自陈战难:《关于"两论"的重新发表及其反响》,《毛泽东邓小平理论研究》1987年第6期,第66页。

③ 〔美〕费正清:《伟大的中国革命:1800—1985》,刘尊棋译,国际文化出版公司1989年版,第233页。

④ 转引自胡新民:《〈实践论〉〈矛盾论〉为何能历久弥新》,《党史博览》2017年第11期,第14页。

⑤ 〔日〕松村一人:《论毛泽东哲学的意义(之二)——以〈矛盾论〉为中心》,王乐夫译,《毛泽东哲学思想研究动态》1984年第4期,第24页。

## 第八章 《矛盾论》的巨大影响

他把毛泽东推崇为"新的研究的指路人"。1963年,法国学者阿尔都塞在《关于唯物辩证法》一文中写道:"列宁在他的《哲学笔记》里给我们留下的一些段落是辩证法的素描。毛泽东1937年在他同中国党内教条主义倾向作斗争时写下的《矛盾论》这篇重要文章又进一步作了发挥。"①美国学者杰姆逊评论说:"在五六十年代的法国,毛泽东的《矛盾论》对马克思主义者的影响是很大的,是结构马克思主义的经典著作之一,特别体现在阿尔图塞的著作之中"②

国外学术界围绕毛泽东的《矛盾论》与黑格尔的辩证法思想之间的关系,展开了激烈争论。阿尔都塞认为,毛泽东的《矛盾论》是对黑格尔的辩证法的告别和超越。"毛泽东于1937年撰写的《矛盾论》一文对矛盾问题作了一系列的分析;在那里,马克思主义的矛盾观似乎与黑格尔的观点毫无关系。这部小册子的基本概念,如主要矛盾和次要矛盾、矛盾的主要方面和次要方面、对抗性矛盾和非对抗性矛盾、矛盾发展的不平衡规律等,在黑格尔著作中都是无从找到的。"③他以此来说明马克思主义辩证法对黑格尔辩证法的"颠倒"是对辩证法的结构进行改造,而不是对辩证法"含义"的颠倒。在他看来,马克思正

---

① 〔法〕路易·阿尔都塞:《保卫马克思》,顾良译,商务印书馆2006年版,第175页。
② 〔美〕杰姆逊:《后现代主义与文化理论——杰姆逊教授讲演录》,唐小兵译,陕西师范大学出版社1987年版,第55页。
③ 〔法〕路易·阿尔都塞:《保卫马克思》,顾良译,商务印书馆2006年版,第81页。

是用"结构的复杂统一体"排斥了黑格尔辩证法的"母型"即"原始的简单统一体"。因此,"大家对于在马克思的《〈政治经济学批判〉导言》(1857年)和在毛泽东的论文(1937年)中找不到这些黑格尔范畴的丝毫痕迹,也就不会感到奇怪的了"①。

  同阿尔都塞的观点相反,美国学者莱文认为,毛泽东的《矛盾论》是对黑格尔的辩证法的再现,不是黑格尔的出现而是黑格尔的缺席影响了毛泽东。由于毛泽东未能直接阅读黑格尔的著作,黑格尔对毛泽东的影响只能间接地通过列宁的《哲学笔记》而表现出来。莱文说:"1937年,毛泽东写了他的著名论文《矛盾论》,一般地说,这篇论文主要是从列宁的《黑格尔〈逻辑学〉一书摘要》引申出来的。在哲学的层次上,毛泽东是以一种道家学说的外表,单纯重复包含在列宁的《黑格尔〈逻辑学〉一书摘要》中的辩证法本体论的原则。在方法论的层次上,《矛盾论》也是从列宁在他的《黑格尔〈逻辑学〉一书摘要》中所信奉的社会分析方法引申出来的","毛泽东在《矛盾论》中所做的,只是对他关于中国独特性的正确理论加以抽象,并以此为基础,借助于列宁的《黑格尔〈逻辑学〉一书摘要》,建构起一种一般的历史分析方法。"②莱文在着重研究了毛泽东于1937年前后阅读的哲学书籍后,得出了上述观点。在莱

---

① 〔法〕路易·阿尔都塞:《保卫马克思》,顾良译,商务印书馆2006年版,第194页。
② 〔美〕诺曼·莱文:《辩证法内部对话》,张翼星、黄振定、邹溱译,云南人民出版社1997年版,第424页。

## 第八章 《矛盾论》的巨大影响

文看来,毛泽东的《矛盾论》可以说是黑格尔辩证法的再现和借鉴。

阿尔都塞和莱文虽然都高度肯定了《矛盾论》对唯物辩证法的丰富和发展,但两人对《矛盾论》的理解却截然不同。阿尔都塞认为,毛泽东的《矛盾论》是对黑格尔辩证法的告别和超越;而莱文则认为,毛泽东的《矛盾论》是对黑格尔辩证法的再现和借鉴。

《矛盾论》已经成为国内外学术界研究毛泽东思想与中国传统文化关系的一个重要范本。例如,田辰山在研究《矛盾论》时,非常注重探讨中国传统哲学对毛泽东的影响,认为毛泽东相信唯物辩证法与中国传统的"通变"思想是相通的:"毛泽东认同的唯物辩证法的许多方面,都通过了中国传统的通变思维,他对唯物辩证法的解读,也都是使用中国典故和古汉语用语。"① 田辰山认为,毛泽东的辩证法思想很多都是源于中国传统的"通变"思想。毛泽东用"辩证""对立统一""相反相成""矛盾""一分为二""两点论"等词汇来表达"dialectic",而这些词汇都是毛泽东从中国古代关于论述"通变"思想的文献中得来的。例如,他认为《矛盾论》中的"主要矛盾"和"矛盾主要方面"这两个概念就体现着寻求中国传统"相通性"思维:"毛泽东的'主要矛盾'和'主要矛盾方面'概念,是指一个贯

---

① 〔美〕田辰山:《中国辩证法:从〈易经〉到马克思主义》,萧延中译,中国人民大学出版社2008年版,第128页。

通过程的'决定方面'和'非决定方面'之间的互系性。"①"主要矛盾"只是一个具体境域下的互系性关系的中心点,"领导的、决定的"、"次要和服从的"、"决定的"和"支配"的关系等都是在一个充满变化的境域下,"主要矛盾"和"矛盾主要方面"与其他因素的关系问题不是一成不变的,也不是一个二元对立的范畴,而是一个因时而异、因地制宜的问题。他认为毛泽东把经济基础和上层建筑之间的关系同样看成是"互系的、互相依赖的、互相决定的、互为通体的关系"②。田辰山强调,毛泽东站在中国传统"通变"哲学立场上,实现了马克思主义的中国化,是对马克思主义基本原理和中国具体的实际环境之间互系性与相通性的寻求;毛泽东运用马克思主义的言语词汇表达的思想标志着中国传统"通变"思想进入了一个崭新、更有造诣的现代阶段。

---

①〔美〕田辰山:《中国辩证法:从〈易经〉到马克思主义》,萧延中译,中国人民大学出版社2008年版,第141页。

②〔美〕田辰山:《中国辩证法:从〈易经〉到马克思主义》,萧延中译,中国人民大学出版社2008年版,第148页。

# 第九章 《矛盾论》的时代意义

《矛盾论》深刻阐述了对立统一规律,形成了系统完整的理论体系,丰富和发展了马克思主义唯物辩证法;深刻总结了中国革命的历史经验,阐明了中国革命的哲学逻辑,实现了马克思主义基本原理同中国革命实践和中国传统文化的有机结合,奠定了马克思主义中国化的哲学基础,成为马克思主义中国化的哲学经典著作。《矛盾论》集中反映了辩证唯物主义的世界观和方法论,已成为中国共产党人掌握看家本领、提高辩证思维能力的入门书和必修课。新时代推进改革开放和中国特色社会主义事业必须继续坚持、运用与发展《矛盾论》的观点及方法论。正如习近平同志所说:"毛泽东同志就是一位伟大的哲学家、思想家、社会科学家,他撰写的《矛盾论》《实践论》等哲学名篇至今仍具有重要指导意义。"[①]

## 一、马克思主义中国化的哲学经典

《矛盾论》紧密结合中国革命历史经验和中国传统文化深

---

① 习近平:《在哲学社会科学工作座谈会上的讲话》,《人民日报》2016年5月19日第2版。

刻系统地阐述了对立统一规律的实质内容与根本方法，丰富和发展了马克思主义唯物辩证法；运用对立统一规律深刻总结了中国革命历史经验和中国传统文化并将其提高到马克思主义世界观与方法论的理论高度，实现了马克思主义中国化和中国传统哲学的现代化，成为马克思主义中国化的哲学经典。

### 1. 继承和发展了唯物辩证法

《矛盾论》深刻系统地阐述了对立统一规律，完成了列宁提出的"说明和发挥"的理论任务，建构了一个完整系统的理论体系，实现了世界观和方法论的高度统一。

首先，《矛盾论》首次明确提出辩证法和形而上学是两种根本对立的宇宙观。马克思和恩格斯在关于辩证法与形而上学的对立问题上，主要是批判机械唯物论以孤立、静止、片面的观点看问题的思维方法，指出辩证法与形而上学是"两种思维方法"的对立。列宁结合反对庸俗进化论的斗争，深刻地揭示了辩证法与形而上学是两种根本对立的发展观，并指出这种对立的本质在于是否承认并坚持对立面统一的原则。《矛盾论》首次明确肯定辩证法与形而上学是两种根本对立的宇宙观，这就把辩证法与形而上学提到世界观的高度来认识，从而使世界观和方法论更加紧密地结合起来了。后来，毛泽东又把辩证法与形而上学的对立、唯物主义与唯心主义的对立，概括为"两个

## 第九章 《矛盾论》的时代意义

对子"的思想。①

其次,《矛盾论》完整系统地阐述了对立统一规律。列宁说:"可以把辩证法简要地规定为关于对立面的统一的学说。这样就会抓住辩证法的核心,可是这需要说明和发挥。"②20世纪30年代,苏联马克思主义哲学界虽然在阐述对立统一规律时提出了矛盾特殊性、主要矛盾和矛盾主要方面等概念,并有初步的说明,但它们没能对这些概念进行明确的界定,更没有就如何分析矛盾特殊性作出阐述。《矛盾论》抓住矛盾法则即对立统一法则这一唯物辩证法的实质和核心,以内部矛盾与外部矛盾、矛盾的普遍性与特殊性、主要矛盾与次要矛盾、矛盾的主要方面和次要方面、矛盾的同一性与斗争性、矛盾的对抗性与非对抗性等一系列辩证概念,系统完整地阐述了对立统一规律,阐明了矛盾法则的核心地位,确立了区分两种宇宙观的根本标准,提出了矛盾问题的精髓,阐述了矛盾转化观、矛盾动力观和矛盾分析方法等重要思想,构建了一个分析矛盾特殊性的逻辑结构,实现了世界观与方法论的高度统一。《矛盾论》通过提升"矛盾"地位、确立"矛盾"标准、提出"矛盾"精髓、构建"矛盾"逻辑框架等方式,把"矛盾"建构为一个逻辑严密、风格独特的理论体系,使唯物辩证法的实质与核心得以充分展现。《矛盾论》完成了列宁所谓"说明和发挥"的理论任务,丰富和

---

① 林源:《马恩以后:马克思主义辩证法的发展线索》,《江海学刊》2001年第1期,第107—112页。

② 《列宁全集》第55卷,人民出版社1990年版,第192页。

发展了马克思主义唯物辩证法。

最后,《矛盾论》是运用矛盾分析方法的典范。《矛盾论》不仅系统阐述了对立统一规律,而且特别强调对立统一规律的方法论意义,并运用这一规律深刻分析和说明了中国革命的历史经验,成为运用矛盾分析方法的典范。"毛泽东不只是自己理论的'创作者',而且也是自己理论的'实践者'。换言之,他的思想清晰地指导了自己的实践。这样,毛泽东的唯物辩证法之新版本就不仅局限于自己的思想,而且体现出了中国马克思主义领域的一般理论风格。从这个意义来说,是毛泽东的思想规定了中国革命的形式并指导它走向胜利。"[1]

### 2. 实现了中国传统辩证法思想的现代转化

《矛盾论》既以中国传统辩证法思想说明马克思主义唯物辩证法,又以马克思主义唯物辩证法思想吸收和改造中国传统辩证法思想,把马克思主义中国化同中国传统辩证法思想的现代转化融为一体。

首先,《矛盾论》把中国传统文化中被视为反常的"矛盾"概念改造成为唯物辩证法的核心概念。《矛盾论》克服了中国传统辩证法思想中"矛盾"概念的模糊性和反常性,对这一概念进行辩证唯物主义的改造和科学规定,指出所谓矛盾就是对立统一,就是

---

[1]〔美〕田辰山:《毛泽东:中国"唯物辩证法"的形成与成熟》,萧延中译,《湖南科技大学学报》(社会科学版)2006年第2期,第28页。

## 第九章 《矛盾论》的时代意义

承认一切事物都包含着互相排斥、互相对立、互相转化的趋向,进而把矛盾的基本思想——"相反相成"改造成唯物辩证法的"同一性和斗争性"的范畴,并阐明了矛盾同一性和斗争性及其辩证关系。

其次,《矛盾论》克服了中国传统辩证法思想的相对主义、诡辩论和循环论倾向。《矛盾论》根据唯物辩证法科学地阐明了"条件"对于矛盾转化的重要性,强调对立的因素必须具备一定条件才能够统一起来,进而互相转化;缺乏一定条件,对立的因素就不能成为矛盾,不能共居,也不能转化,这样就克服了中国传统辩证法思想忽视转化条件的相对主义和诡辩论倾向。同时,《矛盾论》强调矛盾的转化不是循环往复的水平运动,而是螺旋式的上升运动,是新事物取代旧事物的运动过程。新陈代谢是宇宙间不可抗拒的根本规律,这样就克服了中国传统辩证法思想的循环论倾向。

再次,《矛盾论》克服了中国传统辩证法思想的直观性和笼统性。《矛盾论》提出了矛盾的普遍性和特殊性、共性和个性的关系是事物矛盾问题的精髓的重要思想,在承认矛盾普遍性的前提下,着重论述了矛盾的特殊性问题,建构了一个分析矛盾特殊性的严密的逻辑体系。这样人们对事物矛盾的认识就不再停留于笼统直观的水平上,而是一种精确的、科学的实证分析和理论抽象,中国传统辩证思维方式单纯的整体直观性被克服,古代朴素的辩证法转变为现代科学的唯物辩证法。

最后,《矛盾论》将中国传统辩证法思想提升到一个新阶段。《矛盾论》把唯物辩证法思想同中国传统文化结合起来,运用对立统一规律改造和阐明中国传统辩证法思想,既实现了马克思主义唯物辩证法的中国化,使马克思主义唯物辩证法思想具有鲜明的中国特色,又实现了中国传统辩证法思想的现代转化,将之提升到新的发展阶段。《矛盾论》既是唯物辩证法的中国版本,又是中国传统辩证法思想的现代版本。"在马克思主义与中国传统文化相遇的现代中国,这种中国版本的'唯物辩证法'的建立和展开,在毛泽东思想中得以最终成熟。他的用马克思语言词汇表达的思想,标志着中国传统'通变'思想进入了一个崭新、更有造诣的阶段。中国版本的'唯物辩证法'的造诣与成熟不仅在于毛泽东作为思想家个人的倡导和运用,而且也顺理成章地建构了中国马克思主义一般理论的主流思维风格,进而对现代中国革命和整个中国现代史产生深刻影响。"①

### 3. 奠定了马克思主义中国化的哲学基础

马克思主义中国化的基本内涵就是把马克思主义基本原理同中国国情及其历史文化传统结合起来,其哲学基础就是矛盾的普遍性和特殊性及其辩证关系。《矛盾论》紧密结合中国革命实践历史经验和中国传统辩证法思想,系统阐述了唯物辩证法的实质内容及其方法论意义,为马克思主义中国化和党的实事求是思想路线奠定了哲学基础,集中体现了中国共产党人认

---

① 〔美〕田辰山:《毛泽东:中国"唯物辩证法"的形成与成熟》,萧延中译,《湖南科技大学学报》(社会科学版)2006 年第 2 期,第 36 页。

## 第九章 《矛盾论》的时代意义

识问题、解决问题的世界观和方法论，成为反对教条主义和经验主义的强大思想武器。

首先，马克思主义理论普遍真理性的哲学论证。马克思主义中国化的第一个基本前提就是承认马克思主义理论的普遍真理性或普遍指导意义，否则，马克思主义中国化就是不可能的或有名无实的。马克思主义中国化的哲学基础之一，就在于马克思主义理论揭示了自然界、人类社会和人类思维发展的普遍规律，特别是阐明了科学社会主义理论逻辑和社会革命规律，指明了人类解放的方向和道路，对于世界各国具有普遍的指导意义。马克思主义中国化的首要理论任务就是驳斥那些以所谓的"中国社会历史文化特殊论"或"中国国情特殊论"为由否认马克思主义理论"适合中国"的错误论调，深刻说明中国社会历史文化的特殊性并不外在于马克思主义理论所阐明的人类社会发展规律而是其历史表现形式，并以自身实践反复证明马克思主义理论的普遍真理性。《矛盾论》运用矛盾的普遍性与特殊性关系原理深刻阐明了马克思主义理论的普遍真理性："当着马克思把资本主义社会这一切矛盾的特殊性解剖出来之后，同时也就更进一步地、更充分地、更完全地把一般阶级社会中这个生产力和生产关系的矛盾的普遍性阐发出来了。"①

其次，马克思主义中国化的哲学论证。马克思主义中国化的第二个基本前提就是承认马克思主义理论只是为我们提供了

---

① 《毛泽东选集》第1卷，人民出版社1991年版，第318页。

认识和解决中国问题世界观与方法论而不是现成答案,或者说,马克思主义理论只是行动指南,而不是包治百病的灵丹妙药。因此,我们必须以马克思主义理论为指导,深入研究中国社会实践及其历史文化环境的特殊性,才能找到解决中国问题的可行方案。用《矛盾论》的话讲,就是以对矛盾普遍性的认识为指导,深入研究矛盾的特殊性,再以对矛盾特殊性的认识验证、丰富和深化对矛盾普遍性的认识,不断实现"由特殊到一般"和"由一般到特殊"这两个认识过程的循环往复和良性互动并由此实现认识的深化与发展。马克思主义中国化的历史进程就是马克思主义理论与中国实践、矛盾的普遍性与特殊性实现良性互动和双向转化的历史过程,就是中国共产党人不断运用马克思主义的立场、观点和方法认识与解决中国问题的历史过程。马克思主义中国化的可能性就在于马克思主义具有普遍真理性,其必要性就在于马克思主义的普遍真理性寓于特殊性之中。因此,马克思主义中国化的中心问题,从理论上说,就是马克思主义经过"特殊性向普遍性的理论提升"实现"从普遍性向特殊性的理论嵌入",换句话说,我们要从马克思、恩格斯、列宁等人对具体问题的分析和论述中理解与掌握马克思主义的立场、观点及方法,并将之运用到分析和解决中国问题的理论探索与实践探索中。马克思主义中国化首先需要将马克思主义从"欧洲形式"变成"普遍形式",然后才能再转化为"中国形式",其重要哲学基础就是矛盾的普遍性与特殊性及其辩证关系。

最后,批判教条主义和经验主义的思想武器。马克思主义

## 第九章 《矛盾论》的时代意义

中国化的思想实质就在于实现矛盾的普遍性和特殊性的具体的历史的统一。如果片面强调马克思主义理论的普遍指导意义而忽视中国社会实践及其历史文化环境的特殊性,马克思主义理论的指导意义就难以落到实处,难以真正发挥作用。如果片面强调中国社会实践及其历史文化环境的特殊性,忽视乃至否认马克思主义理论的普遍指导意义,就会迷失前进方向,走上歧途。如果说中国经验主义者的根本错误在于局限于自身一时一地的有限经验而忽视理论指导的重大意义,使自己的思想和工作缺乏原则性、系统性、预见性,那么,中国教条主义者的根本错误则在于把马克思主义理论先验化、抽象化和公式化了。两者都不懂得马克思主义理论是普遍性和特殊性的辩证统一,都不懂得把马克思主义基本原理同中国国情及其历史文化环境有机结合的道理和方法。《矛盾论》关于矛盾的普遍性与特殊性及其辩证关系等问题的系统论述开辟了马克思主义中国化的思想道路,为中国共产党人批判教条主义和经验主义提供了强大的思想武器。

## 二、中国共产党人的必修课

《矛盾论》是马克思主义中国化的奠基之作,是毛泽东哲学思想成熟的重要标志,已经成为中国共产党人学习马克思主义哲学的入门书,掌握和运用《矛盾论》的观点与方法来认识及解决中国实际问题已经成为中国共产党人提高自身辩证思维能力、掌握看家本领的必修课。

### 1. 学习马克思主义哲学的入门书

党的十八大以来，习近平同志一再强调，学习是我们克服本领恐慌、增强本领的重要途径；学习"首先要认真学习马克思主义理论，这是我们做好一切工作的看家本领，也是领导干部必须普遍掌握的工作制胜的看家本领"[①]。只有深刻领会和掌握马克思主义立场、观点、方法，善于把马克思主义基本原理同中国国情和中国历史文化结合起来，我们才能深刻认识和准确把握共产党执政规律、社会主义建设规律、人类社会发展规律，始终坚定理想信念，在纷繁复杂的形势下坚持科学指导思想和正确前进方向，把中国特色社会主义不断推向前进。否则，我们就容易陷入盲目状态甚至误入歧途，面对错综复杂的形势时无所适从，就难以抵御各种错误思潮，甚至被一些天花乱坠、脱离实际甚至荒唐可笑、极其错误的东西所迷惑。

马克思主义著作浩如烟海，马克思主义理论博大精深。如何学习、掌握和运用马克思主义理论是中国共产党人必须不断认识与解决的一个重大问题。毛泽东认为，马克思主义哲学是马克思主义理论的思想基础。因此，我们必须首先学习和掌握好马克思主义哲学，否则，很多问题就搞不清楚。毛泽东说："我劝同志

---

① 习近平：《习近平谈治国理政》，外文出版社 2014 年版，第 404 页。

## 第九章 《矛盾论》的时代意义

们要学哲学","基础的东西是马克思主义哲学。这个东西没有学通,我们就没有共同的语言,没有共同的方法,扯了许多支,还扯不清楚。有了辩证唯物论的思想,就省得许多事,也少犯许多错误。"①陈云说:"学习理论,最要紧的,是把思想方法搞对头。因此,首先要学哲学,学习正确观察问题的思想方法。如果对辩证唯物主义一窍不通,就总是要犯错误。"②学哲学、用哲学,已经成为中国共产党人的优良传统。那么,中国共产党人应如何学习和掌握马克思主义哲学呢?在毛泽东思想诞生以后,中国共产党人认为,学习马克思主义哲学的重点是学习毛泽东的哲学著作。邓小平说:"陈云同志建议中央提倡学习,主要是学习马克思主义哲学,重点是学习毛泽东同志的哲学著作。陈云同志说,他学习毛泽东同志的哲学著作,受益很大。毛泽东同志亲自给他讲过三次要学哲学。他在延安的时候,把毛泽东同志的著作认真读了一遍,这对他后来的工作关系极大。现在我们的干部中很多人不懂哲学,很需要从思想方法、工作方法上提高一步。《实践论》、《矛盾论》、《论持久战》、《战争和战略问题》、《论联合政府》等著作,选编一下,还要选一些马恩列斯的著作。总之,很需要学习马克思主义哲学就是了。"③如果说学习马克思主义哲学的重点和入门途径是学习毛泽东的哲学著作,那么学习毛泽东哲学著作的重点和入门途径则是《实践论》与《矛盾论》。李瑞环说:

---

① 《毛泽东文集》第 6 卷,人民出版社 1999 年版,第 396 页。
② 《陈云文选》第 3 卷,人民出版社 1995 年版,第 46 页。
③ 《邓小平文选》第 2 卷,人民出版社 1994 年版,第 303—304 页。

"就我个人体会看,把'两论'作为学习哲学的主要内容,是哲学入门的一个有效途径……我认为,当前学哲学仍然可以提倡从学'两论'入手,这同提倡学习马克思主义其他经典著作不矛盾,同强调着重学基本观点也是一致的。"①《矛盾论》把马克思主义唯物辩证法同中国革命实践历史经验、中国传统文化和日常生活经验有机地结合起来,系统而生动地阐述了对立统一规律,实现了马克思主义哲学中国化和世界观与方法论的有机统一,既具有马克思主义哲学的思想内容,又富含中国革命的历史经验和中国传统文化精神,并运用中国人民通俗易懂、喜闻乐见的语言表达出来,架起了中国共产党人、中国人民从中国革命实践通向马克思主义理论的桥梁,成为中国共产党人、中国人民学习和运用马克思主义哲学、掌握其看家本领的入门途径。

### 2. 提高辩证思维能力的必修课

只有深刻掌握唯物辩证法的根本方法,尤其是矛盾论的方法,我们才能将马克思主义哲学理论内化为个人的思维方式,培养和增强自身的辩证思维能力。习近平同志强调:"辩证思维能力就是承认矛盾、分析矛盾、解决矛盾,善于抓住关键、找准重点、洞察事物发展规律的能力。"②有学者分析说,"承

---

① 李瑞环:《学哲学 用哲学》上册,中国人民大学出版社 2005 年版,第 10—11 页。
② 中共中央宣传部编:《习近平总书记系列重要讲话读本》,人民出版社 2016 年版,第 287 页。

## 第九章 《矛盾论》的时代意义

认矛盾",体现了矛盾普遍性的观点;"分析矛盾",体现了矛盾特殊性的观点;"解决矛盾",体现了矛盾斗争性与同一性相统一的观点;"抓住关键、找准重点",体现了主要矛盾和矛盾主要方面的观点;"洞察事物发展规律",体现了矛盾普遍性与特殊性相统一的观点。只有掌握好唯物辩证法的根本方法,不断增强辩证思维能力,才能提高驾驭复杂局面、处理复杂问题的本领。正如习近平同志所说:"我们的事业越是向纵深发展,就越要不断增强辩证思维能力。当前,我国社会各种利益关系十分复杂,这就要求我们善于处理局部和全局、当前和长远、重点和非重点的关系,在权衡利弊中趋利避害、作出最为有利的战略抉择。我们全面深化改革,不能东一榔头西一棒子,而是要突出改革的系统性、整体性、协同性。同时,在推进改革中,我们要充分考虑不同地区、不同行业、不同群体的利益诉求,准确把握各方利益的交汇点和结合点,使改革成果更多更公平惠及全体人民。"①面对局部和全局、当前和长远、重点和非重点、不同地区、不同行业、不同群体等错综复杂的矛盾时,我们只有运用辩证思维,才能正确分析和解决矛盾。《关于建国以来党的若干历史问题的决议》指出:"毛泽东同志阐述和发挥了马克思主义辩证法的核心——对立统一规律。他指出不仅要研究客观事物的矛盾的普遍性,尤其重要的是要研究它的特殊

---

① 习近平:《辩证唯物主义是中国共产党人的世界观和方法论》,《求是》2019年第1期,第8页。

性，对于不同性质的矛盾，要用不同的方法去解决。因此，不能把辩证法看作是可以死背硬套的公式，而必须把它同实践、同调查研究密切结合，加以灵活运用。他使哲学真正成为无产阶级和人民群众认识世界和改造世界的锐利武器。"[1]唯物辩证法是我们批判和反对唯心论与形而上学的强大思想武器，《矛盾论》是中国共产党人学习和掌握唯物辩证法、锻炼和提高自身辩证思维能力的必修课。习近平同志说："学习和运用唯物辩证法，就要反对形而上学的思想方法。我们的先人早就认识到了这个问题，很多典故都是批评和讽刺形而上学的，如盲人摸象、郑人买履、坐井观天、掩耳盗铃、揠苗助长、削足适履、画蛇添足，等等。世界上只有形而上学最省力，因为它可以瞎说一气，不需要依据客观实际，也不受客观实际检查。而坚持唯物辩证法，则要求用大气力、下真功夫。我们一方面要加强调查研究，准确把握客观实际，真正掌握规律；另一方面要坚持发展地而不是静止地、全面地而不是片面地、系统地而不是零散地、普遍联系地而不是单一孤立地观察事物，妥善处理各种重大关系。任何主观主义、形式主义、机械主义、教条主义、经验主义的观点都是形而上学的思想方法，在实际工作中不可能有好的效果。"[2]

---

[1] 中央文献研究室编：《改革开放三十年重要文献选编》上，中央文献出版社2008年版，第209页。
[2] 习近平：《辩证唯物主义是中国共产党人的世界观和方法论》，《求是》2019年第1期，第8页。

## 第九章 《矛盾论》的时代意义

### 三、中国特色社会主义的哲学基础和方法论

《矛盾论》已诞生 80 多年，中国特色社会主义已进入新时代，改革开放已走过 40 年历程，中华人民共和国迎来成立 70 周年。1960 年前后，毛泽东说："我们在第二次国内战争末期和抗战初期写了《实践论》、《矛盾论》，这些都是适应于当时的需要而不能不写的。现在，我们已经进入社会主义时代，出现了一系列的新问题，如果单有《实践论》、《矛盾论》，不适应新的需要，写出新的著作，形成新的理论，也是不行的。"①《矛盾论》不仅深刻总结了中国革命的历史经验，指导中国革命取得胜利，而且为中国特色社会主义奠定了哲学基础，提供了方法论指导；中国特色社会主义理论体系就蕴含着社会主义时代的《矛盾论》。新时代改革开放必须继续坚持和发展《矛盾论》中的观点与方法，直面矛盾，深入分析和解决问题。

#### 1. 奠定了中国特色社会主义的哲学基础

正是以毛泽东为代表的中国共产党人破除了对马克思主义的教条化理解和对共产国际、苏联经验的迷信，打破了对俄国十月革命模式的照抄照搬，才能把马克思主义基本原理同中国革命实践和中国传统文化有机地结合起来，创立了以新民主

---

①《毛泽东文集》第 8 卷，人民出版社 1999 年版，第 109 页。

《矛盾论》精学导读

主义理论为标志的毛泽东思想，找到了中国革命的正确道路。《矛盾论》既是中国革命历史经验的哲学总结，又为开辟新民主主义道路、创立新民主主义理论奠定了哲学基础。同样，在深刻总结中国社会主义建设历史经验的基础上，以邓小平为代表的中国共产党人再次打破对马克思主义的教条化理解和对苏联社会主义模式的迷信，把马克思主义基本原理同中国社会实践和中国传统文化结合起来，开创了中国特色社会主义道路，创立了中国特色社会主义理论体系。邓小平说："把马克思主义的普遍真理同我国的具体实际结合起来，走自己的道路，建设有中国特色的社会主义，这就是我们总结长期历史经验得出的基本结论。"①由此可见，《矛盾论》关于矛盾的普遍性与特殊性、内部矛盾与外部矛盾、主要矛盾与次要矛盾及其关系等一系列论述为中国特色社会主义提供了充分的哲学论证。可以说，《矛盾论》为中国特色社会主义奠定了哲学基础，而中国特色社会主义蕴含着社会主义时代的《矛盾论》。党的十八大以来，习近平同志继续深入探讨中国特色社会主义，提出中国特色社会主义是科学社会主义理论逻辑与中国社会发展历史逻辑的辩证统一、中国社会发展道路是内生型演化的结果等一系列重大论断，强调要从世界社会主义运动和中国传统文化相统一的世界历史视野把握和阐明中国特色社会主义及其中国特色和世界意义，以新视野、新实践、新理念、新战略丰富和发展了《矛盾论》所

---

① 《邓小平文选》第3卷，人民出版社1993年版，第3页。

## 第九章 《矛盾论》的时代意义

阐述的基本原理,生动地书写了中国特色社会主义新时代的《矛盾论》,开创了中国特色社会主义、马克思主义中国化、21世纪马克思主义新境界。

### 2. 坚持直面矛盾的问题导向

新时代改革开放必须坚持问题导向,在不断认识和解决重大实践问题中实现实践创新、理论创新、制度创新与文化创新,推进中国特色社会主义事业,不断开创21世纪马克思主义新境界。习近平同志说:"问题是事物矛盾的表现形式,我们强调增强问题意识、坚持问题导向,就是承认矛盾的普遍性、客观性,就是要善于把认识和化解矛盾作为打开工作局面的突破口。当前,我国已经进入发展关键期、改革攻坚期、矛盾凸显期,我们面临的矛盾更加复杂,既有过去长期积累而成的矛盾,也有在解决旧矛盾过程中新产生的矛盾,大量的还是随着形势环境变化新出现的矛盾。这些矛盾许多是这个发展阶段必然出现的,是躲不开也绕不过去的。"① 改革开放是由问题倒逼而来,又在认识和解决问题的过程中不断扩大与深化,从本质上说就是发现矛盾、把握矛盾、解决矛盾、推动事物在矛盾运动中向好的方面转化的发展过程。如果我们害怕矛盾,遇到矛盾躲着走、绕着走,不但不能解决矛盾,反而会使矛盾日益激化,错过了

---

① 习近平:《辩证唯物主义是中国共产党人的世界观和方法论》,《求是》2019年第1期,第6页。

解决矛盾的最好时机。问题导向正是新时代改革开放运用和发展《矛盾论》的立足点与着眼点。认识和处理错综复杂的矛盾正是运用与发展《矛盾论》的地方。

### 3. 善于运用矛盾相辅相成的特性，实现矛盾的良性转化

《矛盾论》深刻系统地论述事物矛盾运动的基本原理，并特别强调矛盾转化的重要意义，实现了辩证法、认识论和方法论的高度统一，为中国共产党人认识和解决问题奠定了哲学基础，提供了分析框架和方法论指导，并将之转化为中国共产党人的思想方法、工作方法、领导方法，如弹钢琴、解剖麻雀、两点论、重点论、一般指导与个别指导相结合、抓两头、带中间等。习近平同志说："我们党领导人民干革命、搞建设、抓改革，从来都是为了解决中国的现实问题。如果对矛盾熟视无睹，甚至回避、掩饰矛盾，在矛盾面前畏缩不前，坐看矛盾恶性转化，那就会积重难返，最后势必造成无法弥补的损失。'千丈之堤，以蝼蚁之穴溃；百尺之室，以突隙之烟焚。'矛盾积累到一定程度就会发生质的突变。对待矛盾的正确态度，应该是直面矛盾，并运用矛盾相辅相成的特性，在解决矛盾的过程中推动事物发展。"① 这里，习近平同志将内外因关系、矛盾的同一性与斗争性关系、主次关系等概括为"矛盾相辅相成的特性"，强

---

① 习近平：《辩证唯物主义是中国共产党人的世界观和方法论》，《求是》2019年第1期，第6页。

## 第九章 《矛盾论》的时代意义

调要防止"矛盾恶性转化",就必须直面矛盾,迎难而上,善于运用矛盾相辅相成的特性,在解决矛盾的过程中推动事物发展。《矛盾论》曾经是中国共产党人把握国情、制定中国革命和建设的路线、方针与政策的重要方法,现在仍然是中国共产党人把握中国国情、确定改革开放和新时代中国特色社会主义主要任务的方法论。特别是《矛盾论》关于主要矛盾的观点和方法已经成为中国共产党人积极应对时代与社会发展变化认识及解决问题的重要法宝。党的十九大报告指出:我国社会主要矛盾已经转化为人民日益增长的美好生活需要和不平衡不充分的发展之间的矛盾。这一关于中国社会主要矛盾的新论断不仅是中国特色社会主义进入新时代的主要依据,而且是习近平新时代中国特色社会主义思想的重要内容。中国革命、建设和改革的历史进程充分证明,只有正确把握中国社会的主要矛盾、对抗性矛盾与非对抗性矛盾等问题,中国共产党才能正确制定中国革命、建设和改革的路线、方针与政策,不断推进马克思主义中国化的历史进程。一旦误判中国社会的主要矛盾和矛盾的性质,我们的事业可能就会遭受严重挫折。